DEMMLER VERLAG

Egon Richter
Ahlbeck · Heringsdorf · Bansin
Die Usedomer Kaiserbäder

*

*Mit einer Zusammenfassung
in Englisch und Polnisch*

DEMMLER VERLAG

Titelfoto: Die Seebrücke in Ahlbeck,
Foto und alle weiteren Farbfotos
Ulf Böttcher, Berlin
Egon Fischer, Stäbelow, S. 104; Hubert Metzger, Bolz, S. 97

Historische Fotos:
Adomat, Marion, S. 2 oben, 20, 21 oben, 64, 68, 130–134
Fotostudio Knuth, S. 2 Mitte und unten, 22, 23, 66, 67 oben, 69
Krempien, Margot: S. 21 unten, 65, 67 unten, 135

Lektorat: Bernd Grabowski, Berlin

Herausgegeben mit freundlicher Unterstützung
durch den Zweckverband
SEEHEILBÄDER INSEL USEDOM
AHLBECK - HERINGSDORF - BANSIN
und die
Strandbuchhandlung Ahlbeck
Gorki-Buchhandlung Heringsdorf
Buchhandlung Karin Runne Bansin

© 1998 Demmler Verlag & Verlagsbuchhandlung
Dr. Margot Krempien
Bahnhofstraße 36, 19057 Schwerin
Telefon/Fax: (03 85) 4 84 49 79
E-Mail: margot.krempien@schwerin.netsurf.de
E-Mail: vertrieb@demmlerverlag.de
http://www.demmlerverlag.de

Alle Rechte vorbehalten

Satz: TypoLiner GmbH Leipzig
Lithos und Druck: Druck- und Verlagshaus Erfurt
Buchbinderische Verarbeitung:
Kunst- und Verlagsbuchbinderei GmbH Leipzig

ISBN 3-910150-39-X

INHALT

Vorwort
6

AHLBECK
8

HERINGSDORF
54

BANSIN
114

Summary Englisch & Polnisch
162

*

Ausflüge in die nähere Umgebung 178
Zum Autor 190

Vorwort

In jener fast märchenhaft weit entfernten und also auch entsprechend verklärten Vergangenheit, als der Kaiser und seine Familienangehörigen, Könige, Fürsten, Grafen und Barone zu den ständigen Sommergästen der Ostseebäder Ahlbeck, Heringsdorf und des damals blutjungen Bansin gehörten, wäre niemand auf die Idee gekommen, das renommierte Dreigestirn als „Kaiserbäder" zu bezeichnen. Auch die Republik von Weimar und der Staat Adolf Hitlers, die beide den kaiserlichen Staatsbegriff „Reich" im Schilde führten, kannten diesen Ausdruck nicht. Und daß in den vier Jahrzehnten der DDR keiner auf ihn kam, versteht sich eigentlich von selbst.

Die Bezeichnung „Kaiserbäder" ist ein sprachliches Produkt der bundesrepublikanischen Nach-Wende-Zeit und verdankt ihre Existenz der werbe-bewußten Idee eines Ahlbecker Kommunal-Politikers, die sofort von Medien, Reise-, Reklame-Büros und letztendlich auch von den kommunalen und regionalen Behörden aufgegriffen und verwendet wurde. Inzwischen werden Broschüren und Werbeschriften unter diesem Titel herausgegeben, er ist zu einem allgemeinen Begriff geworden, und auch die häufig verwendete Variation „Die kaiserlichen Drei" ändert nichts an dem allgemeinen Gebrauch des Grundbegriffs „Kaiserbäder".

Möglicherweise ist die Vorliebe für diese Regional-Bezeichnung durchaus nicht nur ihrer Werbewirksamkeit, sondern auch dem Hang zur Nostalgie und der versteckten Liebe der Republikaner von heute zu den festen Strukturen von gestern geschuldet.

Wie dem auch sei, das Wort ist in der Welt und wird es nun wohl bleiben. Und eines muß seinem Erfinder zugute gehalten und bescheinigt werden: Er hat es nicht ohne Grund erfunden. Tatsächlich hat ein Kaiser in Ahlbeck heute noch genutzte Bauwerke hinterlassen, tatsächlich hat er jahrelang Sommerferien in Heringsdorf verbracht, und tatsächlich hat eine Kaiserin schon als Kronprinzessin im Waldareal von Bansin ein Denkmal gestiftet. In allen drei Orten waren der Kaiser und seine Familienangehörigen regelmäßige Sommergäste, und in allen drei Orten beherrschte das kaiserliche Schwarz-Weiß-Rot die Periode ihres Aufstiegs von einstigen Fischerdörfern zu mondänen Badeorten.

AHLBECK

Beginnt die schöne Ferienzeit, dann hält mich nichts zu Haus.
Die Koffer stehen schon bereit, jetzt geht's nach Ahlbeck raus.
Mich lockt kein andres Reiseziel, dir bleib' ich ewig treu.
Gibt's auch der Bäder noch so viel, ich singe stets aufs neu:
    Mein Ostseebad Ahlbeck, ich lieb' dich so sehr,
    hier fühl' ich mich glücklich, hier zieht es mich her.
    Leis' murmeln die Wellen und flüstern mir zu:
    Die Perle der Ostsee, mein Ahlbeck, bist du!

Wo gibt's den schönsten Badestrand, die schönsten Mägdelein,
wo promeniert man stundenlang des Nachts beim Mondenschein?
Am Meeresstrand bei Sternenpracht, da träumt es sich so süß.
Verliebte haben oft gedacht, hier sei das Paradies.
    Mein Ostseebad Ahlbeck, ich lieb' dich so sehr,
    hier fühl' ich mich glücklich, hier zieht es mich her.
    Leis' murmeln die Wellen und flüstern mir zu:
    Die Perle der Ostsee, mein Ahlbeck, bist du!

Und ist die schöne Zeit vorbei, geh' ich nochmal zum Strand,
damit mir in Erinnerung sei das Glück, das ich hier fand.
Bedrückt der Abschied auch mein Herz, ist traurig mein Gemüt,
dann tröstet mich in meinem Schmerz das kleine Ahlbecklied:
    Mein Ostseebad Ahlbeck, ich lieb' dich so sehr,
    hier fühl' ich mich glücklich, hier zieht es mich her.
    Leis' murmeln die Wellen und flüstern mir zu:
    Die Perle der Ostsee, mein Ahlbeck, bist du!

Die Seebrü...

Ahlbeck · The pier or "Seebrücke" in Ahlbeck · Most morski w Ahlbeck

Zu jener Zeit, als die Herren Kurth Hartmann (Musik) und Erik Kornills (Text) dieses Lied zu Papier brachten, war die Zeit des Kaisers schon vorbei. Und als Theodor Fontane 1863 erklärte: „Ich schwärme sehr für einen kleinen Hausbau in Ahlbeck, das jetzt sehr in Aufnahme kommt", war der Ort bereits ein knappes Dutzend Jahre Seebadeort und an einen Kaiser noch nicht zu denken.

Dennoch war der lange Zeit zweigeteilte Ort sowohl eine adlige als auch eine hohenzollernsche Gründung, die zu Fontanes Zeiten schon anderthalb Jahrhunderte alt war und deren Anfänge in einem gewissen dokumentarischen Dunkel liegen. Auf jeden Fall hängt seine Entstehung mit dem Wasserlauf zusammen, dem der Ort seinen Namen verdankt – dem Ahl-Bach, der in niederdeutscher Ausdrucksweise „Ahl-Beck" oder „Ahl-Beek" genannt wurde. Es handelte sich bei diesem Wasserlauf um einen teils mehr, teils minder breiten und tiefen Bach, der in einem weiten Bogen durch Wald und Wiesen an dem alten Dorf Korswandt vorbei, aus dem Gothesee kommend, in die Ostsee floß und in wendischer Zeit „Lassowniza", also Waldbach, genannt wurde. Im Jahre 1243 wurde der Bach unter diesem Namen erstmalig urkundlich erwähnt und tauchte auch 50 Jahre später in einer Schenkungsurkunde des bei Usedom gegründeten Prämonstratenser-Klosters Grobe noch unter der wendischen Bezeichnung auf. Aber schon 1618, als die von dem Wissenschaftler Eilhard Lubin im Auftrag des Wolgaster Herzogs Philipp Julius angefertigte Karte Pommerns erschien, war die alte Benennung verschwunden und durch den deutschen Namen „Ahlbach" ersetzt worden. Ganz offenkundig hing die Bezeichnung mit dem Aal-Reichtum des Wasserlaufs zusammen, denn Lubin vermerkt auf seiner Karte ausdrücklich die Einsetzung einer sogenannten Aal-Kiste an der Mündung des Baches in die Ostsee. So eine Aal-Kiste stellte ein vielfach durchlöchertes Behältnis dar, in dem gefangene lebende Aale aufbewahrt wurden.

Tatsächlich also führt Ahlbeck mit voller Berechtigung einen Aal im Wappen, und daß der Bach schon seit „undenklichen Zeiten" unterirdisch über ein Rohrsystem ins Meer geleitet wird, ändert nichts an seiner Existenz: Fisch und Wasserlauf gaben also dem größten, ältesten und bevölkerungsreichsten der drei Kaiserbäder seinen Namen. Aber – wie gesagt – an einen Kaiser war damals noch nicht zu denken und auch eine Ortschaft Ahlbeck gab es noch nicht.

Nur den Bach und die Aal-Kiste.

Zu jener Zeit befand sich ein Teil jenes Gebietes, auf dem viel später ein Dorf namens Ahlbeck entstehen sollte, im Besitz des zur Herrschaft Mellenthin gehörenden Gutes Gothen. Eigentümer des Landes waren die im Schloß zu Mellenthin residierenden Gutsherren von Neuenkirchen. Der Ahlbach war die natürliche und juristische Grenze ihres Gutsbezirkes und trennte das Gebiet von dem zunächst herzoglich-pommerschen, später schwedischen und letztlich königlich-preußischen Territorium. Als der letzte Junker von Mellenthin, Christoph von Neuenkirchen, 1641 kinderlos starb, beherrschten schon seit einigen Jahren die Schweden das im Dreißigjährigen Krieg abgebrannte Pommernland, und Herr des Teil-Gebietes an der Mündung des Ahlbaches wurde für kurze Zeit der schwedische Kanzler Axel Oxenstierna.

Von diesem Zeitpunkt an wechselte das Gebiet ständig seinen Besitzer – genau so oft, wie Schloß und Gut Mellenthin neue Herren erhielten. Das änderte sich auch nicht, als nach Beendigung des Nordischen Krieges im Frieden von Stockholm der brandenburgisch-preußische Staat für zwei Millionen Taler ein erhebliches Stück Schwedisch-Pommerns einschließlich der Inseln Usedom und Wollin erwarb und nunmehr die Peene bis zum Jahre 1815 die Grenze zum festländischen Besitz des Königreiches Schweden bildete.

Am Ahlbach war inzwischen folgendes geschehen: Schon lange Jahre stand an der Mündung des Baches ins Meer eine Wassermühle, die als Getreidemühle und umgerüstet auch als Sägewerk diente. Sie befand sich im Jahre 1700 im Besitz des Mellenthiner Gutsherrn, eines Barons Müller von der Lühne, der ja bekanntlich auch der Eigentümer des Gutsbezirkes Gothen war. In dessen Auftrag betrieb ein Müller namens Michael Agner nahe der Ostseeküste die klappernde Mühle am rauschenden Bach. Mag sein, daß er anfangs der einzige Siedler in dieser Gegend war – lange wird er es wohl nicht geblieben sein. Wenig später ließ sich der Fischer Andreas Larsson, dem Namen nach offenbar ein Nachkomme der einstigen schwedischen Besatzungs-Soldaten, in der Nähe der Wassermühle nieder. Ihm folgte ein Teerbrenner mit dem deutschen Namen Ulrich Almann. Der Anfang einer Siedlung war gemacht.

Wir wissen nicht, wie erfolgreich Almann und Agner in ihrer Tätigkeit waren. Der Fischer Larsson jedenfalls lieferte allein 1200 Aale pro Jahr an die Herren von Gothen. Mag sein, daß die ihrer Niederlassung am Meer dieser zuverlässigen Versorgung wegen den Namen gaben, dem sie einfach die Bezeichnung des dortigen Wasserlaufs zugrundelegten, eben „Ahl-Beck". Und damit die Besitzverhältnisse von Anfang an klar waren und niemand auf den Gedanken kommen konnte, dies wäre allgemeines Territorium, setzten sie dem so gefundenen Ortsnamen Ahlbeck gleich noch die Bezeichnung „adlig" hinzu. Dieses winzige Gemeinwesen also, das etwa im Bereich der heutigen Talstraße und der Bäckerei Blunck entstanden war, führte von nun an und für lange Zeit den kommunalen Namen „Ahlbeck adlig".

Inzwischen hatten sich auf der anderen Seite der Beck, im und am königlichen Waldgebiet, einige Siedler mit ihren Familien niedergelassen, die eine andere Gemeinschaft bildeten, 1765 schon über einen eigenen Schulzen verfügten und ihre Niederlassung „Ahlbeck königlich" nannten. Tatsächlich war dem König von Preußen dies durchaus ernst. Der Alte Fritz nämlich, dem ja außerordentlich viel an Pommern und seinem wirtschaftlichen Fortkommen gelegen war, siedelte ehemalige Soldaten mit ihren Familien in diesem Ortsteil an und beauftragte sie damit, das Thurbruch zu meliorieren und einer vernünftigen landwirtschaftlichen Nutzung zuzuführen sowie für die Vermeidung von Überschwemmungen auf Feldbau- und Weidegebieten zu sorgen.

Ahlbeck adlig und Ahlbeck königlich blieben, obwohl sie immer mehr zusammenwuchsen und das einstige Mühlenhaus als gemeinsames Wirtshaus nutzten, noch für Generationen voneinander getrennte unabhängige Orte.

Die Mühle selbst stellte von Anfang an ein Problem dar, vor allem für die Einwohner des Thurbruchbereiches, deren Weideflächen durch den Stau, den das Mühlwerk am Ostseestrand verursachte, ständig überschwemmt wurden. Da, wie gesagt, Friedrich II. ohnehin großes Interesse an der Regulierung des Thurbruchs hatte, stießen die Beschwerden und Eingaben der Dörfer und Landwirte dieser Gegend bei der königlichen Regierung durchaus auf Verständnis und Wohlwollen. Um den Streit aus der Welt zu schaffen und dem leidigen Wasserproblem ein Ende zu machen, entsandte der König 1771 den Geheimen Finanzrat von Brenkenhoff an die Ostseeküste. Der kaufte im Namen und Auftrag seines Herrn dem Mellenthiner Baron von Meyen für 3700 Taler die Mühle ab. Anschließend ließ er durch den Ausbau des Mahlwerkes das Objekt unbrauchbar machen, womit das Stau-Problem endlich gelöst war. Die vom König im Bereich der heutigen Lindenstraße angesiedelten ehemaligen Soldaten hatten den Wasserlauf des Ahlbaches zu reinigen und ständig für einen regulierten Wasserhaushalt im Thurbruchbereich zu sorgen. Das nun überflüssige Mühlenhaus wurde zum gleichen Zeitpunkt offizielles Wirtshaus, was es von der Nutzung her auch vorher schon gewesen war.

Ein knappes halbes Jahrhundert lang scheint es im pommerschen Doppel-Dorf Ahlbeck friedlich und ereignislos zugegangen zu sein. Gravierende Veränderungen begannen erst nach 1817: In diesem Jahr nämlich hatte der Oberforstmeister Georg Bernhard von Bülow das Gut Gothen und also auch dessen an der Küste liegende Ländereien erworben. Die müssen für den Forstmann ohne Interesse für eine eigene Nutzung gewesen sein, oder er glaubte, daß sie ihm besser als Geldquelle dienen könnten, denn zwei Jahre später ließ er sie zum größten Teil in Parzellen zerlegen und diese zum Verkauf anbieten. Immerhin müssen die Grundstücke erschwinglich oder die Zahlungs-Konditionen günstig gewesen sein, denn es waren vornehmlich Fischer, die sie erwarben, darauf ihre Häuser und im vorgelagerten Strand- und Dünenbereich Salzhütten und Packschuppen errichteten.

Aus dem doppelten Ahlbeck wurde ein ausgesprochenes Fischerdorf, in dem selbst die Wege und Straßen Namen und Bezeichnungen trugen, die diesem Gewerbe entlehnt waren: Es gab z. B. den Flunderweg und den Fischersteg natürlich und selbstverständlich traten auch zunehmend mehr und andere Berufsgruppen hinzu, die zum Funktionieren eines 400-Seelen-Dorfes erforderlich waren. Alle gemeinsam schufen sich bereits wenige Jahre nach Bülows Grundstücksverkauf, im Jahre 1823 nämlich, die erste Schule für ihre Kinder, und wiederum lebten die Ahlbecker 30 Jahre lang in Ruhe und Frieden.

In dieses friedliche Fischerdorf-Dasein brach 1852 der Fremdenverkehr ein, der den Ort in kürzester Zeit völlig verwandeln sollte. Alles begann mit dem Gutspächter Holtz aus Stolpe bei Usedom und einem wunderschönen sonnenreichen Sommer: Holtz schickte seine Kinder und deren Erzieherin an die Ahlbecker Ostseeküste nicht nur, um die gesunde und frische Luft am Meer zu genießen, sondern auch, um im Meer selbst zu baden, eine um diese Zeit immerhin noch sehr neumodische Angewohnheit. Entsprechend groß waren Zurückhaltung und Mißtrauen der Ahlbecker Fischer, die diesem Treiben nur mit größtem Staunen zusehen konnten. Es war ja auch seltsam, was sich da an ihrem Strande tat: Holtz hatte nämlich, damit Kinder und Erzieherin sich ungestört und ungesehen aus- und umkleiden konnten, eine ganze Fuhre Rohr an den Strand bringen lassen, woraus ein sogenanntes Badezelt errichtet wurde, in dem die Umkleidungs-Zeremonie vor sich gehen konnte.

Wenn die Fischer geglaubt hatten, daß so ein seltsames Vorkommnis sich am Strand nicht wiederholen würde, dann hatten sie sich gründlich geirrt. Der Besuch der Holtzschen Kinder leitete vielmehr eine Entwicklung ein, die Ahlbeck zu einem der größten und bekanntesten deutschen Ostseebäder werden ließ.

Wir wissen nicht, ob die Familie Holtz jemals wieder am Ahlbecker Strand badete, dennoch folgten schon vom nächsten Jahr an immer mehr Familien ihrem Beispiel. Von 1853 an wurde Ahlbeck in einem knappen Jahrzehnt ein beliebtes Familienbad. Im genannten Zeitraum sollen schon sechzig Familien, vor allem aus der pommerschen Hauptstadt Stettin und aus der königlich-preußischen Metropole Berlin ihre Sommerfrische in Ahlbeck verbracht haben. Und auch die Holtzsche Rohr-Fuhre blieb nicht ohne Wirkung: 1858 nämlich errichteten die Ahlbecker erstmalig ein rohrgedecktes Badehaus für ihre Gäste, und wenige Jahre später erbaute ein Zusammenschluß privater Investoren richtige hölzerne Bade-Anstalten, die allerdings schon 1872 von den zerstörerischen Fluten eines für die Insel dramatischen Sturmhochwassers hinweggerissen wurden. Jedenfalls gab es zu jener Zeit schon eine ordentliche Badeliste in dem Doppel-Dorf, die bereits Mitte der sechziger Jahre 314 Gäste verzeichnete.

An der Teilung des Ortes hatte sich durch den neuen Erwerbszweig nichts geändert und wohl auch an der Hegemonie der alteingesessenen Fischer nicht: Die Herren Tiews und Littner jedenfalls, die als Schulzen die beiden Ahlbecks regierten, waren ihrem Berufsstand nach Fischer.

In dieser Zeit wurde von der östlich von Ahlbeck gelegenen Kreis- und Hafenstadt Swinemünde aus die Chaussee nach Heringsdorf gebaut, und mehr und neue Gäste strömten in den Ort. Ihre Aufenthaltsbedingungen entsprachen jedoch keineswegs dem heutigen, ja vielleicht nicht einmal dem damaligen Standard. 1874 hielt ein Gast seine Erfahrungen in folgender Notiz fest: „Man wohnt in beschränkten Räumen, welche die Fischer mit den Badegästen teilen. Oft ziehen erstere auch ganz aus ihrem Hause und nehmen im Stalle Quartier. Ein Stübchen mit weißer Kalkwand – doch auch hie und da gemalt und tapeziert –, nicht sehr groß und hoch, nebst Schlafkammer, nimmt gastlich auf. Die Pritsche, welche sich als Kanapee maskiert, die Stühle, der Tisch, die Kommode sind einfach und reinlich. Betten pflegt sich der Gast gewöhnlich selbst mitzubringen, und der Wirt liefert nur die Bettstelle."

In dieser oft zitierten und keineswegs nur für Ahlbeck zutreffenden Schilderung werden die Umstände deutlich, unter denen damals Seebad-Besuche in örtlichen Privathäusern abliefen – denn nur um letztere handelte es sich. Von Hotels und Pensionen war noch nicht die Rede. Jedoch ließ deren Bau nun nicht mehr lange auf sich warten. Mit „Wendickes Hotel" entstand 1875 das buchstäblich erste Haus am Platze, das damals über den größten Tanz- und Vergnügungssaal in Ahlbeck verfügte und später dessen offizielles Kurhaus wurde. Ihm folgten bald im Bereich der heutigen Lindenstraße ein Gasthaus „Zum Frieden" und die Pensionen „Seeschloß" und „Carola" öffneten ihre Pforten. Aber auch die Fischer, die noch vor wenigen Jahren der Holtzschen Bade-Unternehmung höchst mißtrauisch gegenübergestanden hatten, waren nun zu kleinen „Tourismus"-Unternehmern geworden: Sie erweiterten ihre Häuser, bauten an und um und sorgten so dafür, daß aus dem Dorf ein Seebad wurde. Und schließlich wurden am 6. März 1882 „Ahlbeck adlig" und „Ahlbeck königlich" endgültig zu Grabe getragen und unter der tatkräftigen Führung des Gemeindevorstehers Ernst Krüger die nunmehr einheitliche Gemeinde Ahlbeck geschaffen.

Ernst Krüger wußte, daß eine Erweiterung des Fremdenverkehrs nur mit einem attraktiveren Ort möglich war. Die einstigen Flunderwege und Fischerstege, die im stark bewaldeten Orts-Areal Hotels und Wohnbereiche untereinander und mit dem Strand verbanden, wurden nun befestigt, planiert und gepflastert, so daß sie als ordentliche Straßen genutzt werden konnten. 1889 wurde das Familienbad seiner Bestimmung übergeben, und 1891 zog Ernst Krüger in sein Gemeindeamt ein – das einstige Gasthaus „Zum Frieden" in der Lindenstraße. Nicht weit von seinem Amtssitz entfernt wurde im gleichen Jahr auch die in vielen Gemeinden jener Zeit übliche Kaiser-Eiche gepflanzt – sie ist bis auf den heutigen Tag eine Zierde der Lindenstraße und hat Kaiser, Reiche und Republiken überdauert.

Ernst Krüger hat die Ahlbecker Kirche zwar nicht bauen lassen, aber während seiner Amtszeit ist sie errichtet worden. Das im neugotischen Stil innerhalb eines einzigen Jahres von 1894–95 erbaute Gotteshaus hatten die Ahlbecker sich selbst zum Geschenk gemacht. Schon bevor Ernst Krüger Ahlbecks Gemeindevorsteher wurde, hatten seine Bürger 1000 Mark Spendengelder für eine eigene Kirche zusammengebracht. Das reichte natürlich nicht, und der einheimische Lehrer Koch, dessen Frau sich bei der Betreuung der ersten Ahlbecker Gäste geradezu beispielgebende Verdienste erworben hatte, brachte

*Historische Postkarten mit Ansichten des
Seebades Ahlbeck*

*Historical postcards with views of the
sea resort Ahlbeck*

*Historyczne pocztówki z widokiem na
kąpielisko morskie Ahlbeck*

mit weiteren Förderaktionen tatsächlich die fehlenden Mittel auf. Den Bauplatz machte die Gräfin Stollberg zu Gothen dem Ort zum Geschenk, so daß auch hierfür keine zusätzlichen Kosten entstanden.

In jenem Jahr, als der Bau der Kirche begann, exakt am 17. Oktober 1894, machten die Ahlbecker Fischer Ernst Krüger zum Walfisch-Jäger: Das Tier war auf einer etwa 50 Meter vom Ufer entfernten Sandbank gestrandet und zu einer Rückkehr ins Meer nicht mehr in der Lage. Die Fischer hatten den Wal deshalb vorsorglich an Land gezogen und ihren Gemeindevorsteher geholt, damit der „ein paar Schüsse" auf das Riesentier abgeben konnte. Nachdem sich der Gemeindevorsteher dieser Aufgabe pflichtgemäß entledigt hatte, wurde das wunde Tier per Wagen in die Kaiserstraße 14 befördert, wo es auf dem Hof des dortigen Fleischermeisters Bluhm sein Leben aushauchte. Nun erst begannen die Ahlbecker Fischer, das große Geschäft mit dem Wal zu machen. Sie stellten den Kadaver auf dem Marktplatz der benachbarten Kreisstadt Swinemünde zur Schau, kassierten 30 Pfennig Besichtigungs-Gebühr von jedem Betrachter und verkauften den toten Wahl anschließend für 640 Mark an drei interessierte Stadtbewohner, die ihn wiederum in Berlin ordentlich präparieren ließen und anschließend damit durch die Lande zogen.

Diese Wal-Geschichte war möglicherweise das sensationellste Ereignis in Ernst Krügers Regierungszeit – das für den Ort wichtigste war es nicht. Viel wichtiger war für ein Seebad von damals die im Jahre 1896 errichtete Warmbadeanstalt. Nun fehlte, um das Maß der attraktiven Dinge vollzumachen, nur noch eine Seebrücke. Die aber sollte erst Krügers Nachfolger erbauen lassen: Es war ein Major a. D. Dreher, der 1897 Krügers Amt übernahm – ehemalige Offiziere waren üblich in solchen nachmilitärischen Funktionen, und in vielen Fällen haben sie sich als hervorragende Organisatoren erwiesen, die bedeutende Leistungen für den ihnen anvertrauten Ort vollbrachten. Zu dieser Kategorie zählte auch der einstige Major Dreher, weshalb zu Recht und bis auf den heutigen Tag eine Ahlbecker Straße seinen Namen trägt.

Dreher gab zum erstenmal einen sogenannten Badeprospekt für seinen Ort heraus, was Werbung und Gäste-Zulauf für das Seebad zweifellos erhöhte. Seine Amtszeit war eine Periode von Neubauten, zu denen nicht nur Strandeinrichtungen wie Damenbad und Seebrücke gehörten, sondern auch solche wie die allen Gästen und Einwohnern zugute kommende örtliche Apotheke. Jedoch war in dieser Zeit der Ausbau und die neue Gestaltung der Ahlbecker Seebrücke die zweifellos bedeutendste Leistung. Schon zu Ernst Krügers Zeiten war 1882 eine auf hohen Pfählen befindliche Aussichtsplattform errichtet worden, die zu Drehers Amtsbeginn und im ersten Jahr seiner Regierungszeit hölzerne Aufbauten erhielt. So wurden an allen vier Ecken durch Kolonnaden verbundene Türmchen errichtet, und eine Muschel für die Brücken-Konzerte durfte natürlich auch nicht fehlen. Das große Geviert im Innern blieb ein freier Raum und wurde erst viel später überdacht und zu einer noch heute gern aufgesuchten Gaststätte gemacht. Als Dreher pünktlich zum Saisonbeginn am 29. Mai 1898 die neue Seebrücke einweihte, strahlte der blaue Himmel über einem damals noch offenen Geviert. Unter den ganz wenigen an der deutschen Ostseeküste noch existierenden hölzernen Strandbauten stellt die Ahlbecker Seebrücke eine seltene Kostbarkeit dar. Erst in den späteren Jahrzehnten wurde die vollbesetzte Plattform wieder mit einem Rundgang versehen, und das Bauwerk erhielt einen 300 Meter ins Meer reichenden Seesteg mit Anlegemöglichkeiten für Motorboote und Bäderdampfer, die zwischen den Kurorten an der Küste verkehrten.

Wie in fast allen anderen Seebädern auf Usedom wurde auch in Ahlbeck dieser Seesteg im Kriegswinter 1940/41 nicht durch militärische Einwirkungen, sondern durch heftigsten Eisgang zerschlagen – ein halbes Jahrhundert lang mußten Ahlbeck und die anderen betroffenen Orte ohne solche Attraktion auskommen. Alle Rekonstruktionsarbeiten an der Ahlbecker Seebrücke blieben während der DDR-Zeit auf die Plattform selbst und das darauf etablierte Restaurant sowie auf den außerordentlich wichtigen Austausch der hölzernen Pfahlträger durch Betonpfeiler beschränkt. Seestege aber wurden nirgends gebaut – sie wären auch überflüssig gewesen, denn in der DDR gab es keinen Schiffs-Bäder-Verkehr. Erst nach der Wende wurden bis 1994/95 die meist 280 Meter ins Meer ragenden Seestege wiederhergestellt – natürlich auch in

Ahlbeck – und der sommerliche Schiffsverkehr wieder aufgenommen.

Die Ahlbecker Seebrücke in ihrer historischen Gestalt ist ein Touristenmagnet erster Ordnung – wer sie nicht gesehen und betreten hat, ist gar nicht in Ahlbeck gewesen.

Bevor ein Besucher allerdings, aus den nach 1990 neugestalteten Kuranlagen kommend, die Brücke betritt, trifft er auf eine weitere ebenfalls einmalige Ahlbecker Kostbarkeit: Es ist eine säulenartige schwarz-goldene Uhr im Jugendstil, die schon 1911 als Geschenk des Kurgastes M. Grunack einen Platz in den Anlagen fand und in jüngerer Zeit von der Ahlbecker Schlosserei Eick originalgetreu rekonstruiert wurde. Uhr und Seebrücke sind ein Stück Ahlbecker „Klassik", die der Bewunderung wert sind, welche sie tagtäglich erfahren.

Drehers Amtszeit war für den Ort eine Periode des Aufschwungs zu einem bedeutenden deutschen Badeort. Bereits zu Beginn des Jahrhunderts besaß Ahlbeck ein eigenes Krankenhaus (1904), das problemlos an ein schon zwei Jahre zuvor installiertes Elektrizitäts- und Wasserwerk angeschlossen werden konnte. Badeanstalten für Damen, Herren und Familien waren am Ahlbecker Strand erbaut worden. Hervorragende Tennisplätze und Turnanlagen sorgten für beste sportliche Betätigungsmöglichkeiten, Orchester und Kapellen jeder Größe spielten nicht nur zum abendlichen Tanz, sondern in den Kuranlagen der Promenade, auf der Seebrücke und vor den Hotels selbst zu täglichen Kurkonzerten

Blick von der Ahlbecker Seebrücke

View from the pier in Ahlbeck

Widok z mostu morskiego w Ahlbeck

Jugendstiluhr an der Seebrücke in Ahlbeck

Art Noveau Clock on the pier in Ahlbeck

Zegar w stylu secesyjnym przy moście morskim w Ahlbeck

auf. In den entsprechenden Einrichtungen wurden medizinische Bäder verabreicht, und wer es wollte, konnte sogar elektrische Lichtbäder in Anspruch nehmen – niemand weiß, was das eigentlich gewesen sein und welchem Zweck es gedient haben soll.

Die großen Reiseführer versprachen potentiellen Ahlbeck-Besuchern sogar, daß eine sommerliche Durchschnittstemperatur von 20 Grad Celsius ihnen sicher sei und daß – höre und staune! – „anhaltender Regen bisher nicht beobachtet" wurde: Die Meteorologen von damals müssen auch schon oft jenseits der Realität ihre Prognosen getroffen haben – wie dem auch sei: Die Gäste strömten in hellen Scharen in den Kurort an der Ostsee, im Jahre 1907 sollen es, wenn man dem Fachorgan des Verbandes deutscher Seebäder Glauben schenken darf, schon mehr als 16 000 gewesen sein, die in den Hotels, Pensionen, Privathäusern und -zimmern der damals 2200 Einwohner gastliche Aufnahme fanden.

Wer waren diese Gäste, woher kamen sie und welche sozialen Schichten repräsentierten sie? Immer wieder wurde zu Beginn des Jahrhunderts darauf verwiesen, daß Ortsväter, Einwohner und Kurdirektoren von Ahlbeck nicht beabsichtigten, aus Ahlbeck ein sogenanntes oder auch tatsächliches Luxusbad zu machen. Das einstige Doppeldorf lag zwischen der Kreisstadt der Insel, die jedoch vor allem als Modebad Swinemünde einen internationalen Ruf genoß, und dem exklusiven Heringsdorf, dessen Badegäste aus den höchsten Gesellschaftskreisen des Reiches kamen. Ahlbeck wollte etwas anderes sein, stellte sich als etwas anderes dar und wurde auch etwas anderes, nämlich ein Ostseebad für die damals kleinen Leute, die Angehörigen des Mittelstandes, die sich kostspielige Aufenthalte im benachbarten Swinemünde oder gar im westlichen Heringsdorf nicht leisten konnten. Ahlbeck war ein Erholungsort für diejenigen, die Erholung auch nötig hatten, für Handwerker, Gewerbetreibende und Kaufleute, ein Ort, den der Prospekt der deutschen Ostseebäder schon im Jahre 1911 als das „deutsche Volksbad an der Ostsee" bezeichnete und der erklärte, dort könnten sich alle, „von fürstlichen Persönlichkeiten bis zur armen Näherin" gleichermaßen erholen.

Selbst wenn man annimmt, daß die arme Näherin sich sowieso keinen Kuraufenthalt erlauben konnte – nicht einmal in Ahlbeck – soll ihre Erwähnung als eine Art Symbol Gültigkeit haben: Ahlbeck war und wollte ein VOLKSBAD sein, was ihm weit über regionale Grenzen hinaus einen guten Ruf und allgemeine Beliebtheit eintrug.

Ursachen und Voraussetzung dafür, daß viele Jahrzehnte später aus dem Volksbad ein Kaiserbad werden konnte, waren die Fortpflanzungsaktivitäten eines örtlichen Schneidermeisters und die Anlage eines noch heute existierenden Kinderferienlagers.

Beide Ereignisse fallen in das Jahr 1913. Damals wurde in der zweiten Ehe des Ahlbecker Schneidermeisters Ferdinand Egelinski dessen 33. Kind geboren, was ihn zum angeblich kinderreichsten Vater der Welt, auf jeden Fall aber zu einer deutschen Reichssensation machte. Kaiser Wilhelm II. bestellte den Ahlbecker Schneidermeister zu einer Privataudienz nach Berlin, erkundete in einem leutseligen Gespräch die tatsächlich großartigen Familienverhältnisse des Ahlbeckers, versah ihn mit einem fürstlichen Geldgeschenk und schickte ihn so geehrt und versorgt an die Ostsee zurück. Ahlbecks berühmtester Bürger, der „kinderreichste Vater der Welt", war ein Privatgast des Kaisers – Ahlbeck war hoch geehrt worden! Heute hängt eine postkartengroße Fotografie des bekannten Schneidermeisters in dem bescheiden als „Heimatstube" bezeichneten Ahlbecker Ortsmuseum in der Talstraße, das in hervorragender Weise Entwicklungs- und Seebad-Geschichte des Ortes dokumentiert und dessen Besuch jedem Interessierten nur empfohlen werden kann: Der Mann, der Ahlbeck so intensiv mit dem Kaiser in Verbindung brachte, war offenkundig ein schöner Mann, und nicht nur er muß die Frauen, die Frauen müssen mit Sicherheit auch ihn geliebt und die zahlreichen Schwangerschaften und Geburten dafür in Kauf genommen haben: Ferdinand Egelinski hatte ein rundes, zartes Gesicht, prachtvolles Lockenhaar und natürlich den an beiden Seiten hochgezwirbelten „Es-ist-erreicht"-Bart, den auch sein kaiserlicher Gönner trug – rundum eine gepflegte Erscheinung. Immerhin hat der Ort inzwischen eine Straße nach ihm benannt, obwohl die spaßhafte Behauptung aus der Insel-Historie, daß die Ahlbecker „all Egelinskis Kinner" wären, tatsächlich nur als Spaß begriffen werden kann.

Es ist nicht gewiß, ob der Kaiser von Ferdinand Egelinskis Aktivitäten schon 1912 erfahren hatte, als die berühmte Lausitzer Holzbau-Firma Christoph & Unmach auf Veranlassung und durch eine Stiftung der Majestät am östlichen Rande einen Kinderheimkomplex aus Fertigteilen errichtete. Es kann auch ebensogut im April 1913 gewesen sein, als Kaiser und Kaiserin die inzwischen fertiggestellte Anlage einweihen und ihrer Bestimmung übergeben konnten. Selbstverständlich erhielt sie den Namen „Kaiser-Wilhelm-Heim" und diente fortan und bis auf den heutigen Tag der Erholung, dem Bade- und Kuraufenthalt hauptsächlich Berliner Großstadt-Kinder. An der Seeseite führte die Kaiser-Wilhelm-Promenade zu dieser wirklich sozialen Stiftung des Monarchen, und natürlich gab (und gibt) es (wieder) eine Kaiserstraße im Volksbad Ahlbeck. Mag sein, daß der Kaiser selbst nur gelegentlich anläßlich seiner geliebten Flottenbesuche im Kriegshafen Swinemünde ins benachbarte Ahlbeck kam, mag sein, daß er es von seinen Sommervisiten in Heringsdorf aus besuchte – fest steht jedenfalls, daß er ein häufiger Gast des Ortes war und damit – ganz sicher ungewollt – die Voraussetzung schuf, daß Bürger eines ganz und gar anderen und seit vielen Jahrzehnten republikanischen Deutschlands auf den Einfall kommen konnten, das zu Kaisers Zeiten beliebte deutsche Volksbad zum Kaiserbad zu ernennen – eine zweifellos werbewirksame Idee mit realem historischen Hintergrund.

Auch wenn aus dem kaiserlichen Ferienlager inzwischen ein Jugendpark geworden ist, das architektonisch kostbare

Blick von Ahlbeck nach Heringsdorf · Looking towa

ingsdorf from Ahlbeck · Widok Ahlbeck na Heringsdorf

und denkmalgeschützte Holzbauten-Ensemble im östlichen Waldrand von Ahlbeck gehört zu den schönsten und beliebtesten Kinderferieneinrichtungen an der deutschen Ostseeküste. Nur im Zweiten Weltkrieg, als die Gebäude von der Deutschen Wehrmacht genutzt, und in den Jahren nach 1945, als sie zur Garnison der Sowjetarmee wurden, verloren die Kinder ihr Recht an des Kaisers Bauwerk, aber schon 1949 zogen sie wieder ein und sind bis heute die Herren dort geblieben – dies ist Ahlbecks kaiserliche Erinnerung.

Ahlbecks ältestes Denkmal gedenkt der Gefallenen des Ersten Weltkrieges, jener also, die für Kaiser und Reich ihr Leben lassen mußten. Für einen Kaiser, der infolge dieses Krieges, an dem er keineswegs unschuldig war, sein Reich verlor und auch nie wieder nach Ahlbeck zurückkehrte, um dort einen Sommerbesuch zu machen. Ahlbecks Kaiserzeit war nun vorüber, und was ihr folgte, hatte mit dem Fremdenverkehr vor dem Kriege nichts zu tun: Jene Schichten, die das kaiserliche Volksbad einstmals besucht hatten, besaßen nicht mehr genügend Geld für solche sommerlichen Extravaganzen, am wenigsten „die arme Näherin"; die fürstlichen Gäste waren ihrer Macht und viele ihres Reichtums verlustig gegangen, und sie hatten andere Sorgen als die um ihre frühere Sommerfrische.

In Ahlbeck selbst waren die Verhältnisse auch nicht die allerbesten: Die Inflation vertrieb alte Eigentümer von Haus und Hof, schichtete die Besitzverhältnisse um und sorgte für leere Kassen in Gemeinde- und Kurverwaltung. Häuserspekulanten und neue Besitzer aus Berlin und Lodz, Amsterdam und Prag ließen die ohnehin kärglichen Einnahmen aus dem spärlich anlaufenden Kurbetrieb in fremde Kassen fließen und die ortseigene Druckerei Ernst gab statt der lockenden Ansichtskarten, Werbebroschüren und bunten Ortsprospekte Bezugscheine für Nahrungsmittel und lokales Notgeld heraus, das die Situation jedoch auch nicht bessern konnte.

Erst als die allgemeinen Verhältnisse im nunmehr republikanischen Reich sich stabilisierten und sehr rasch verbesserten, begannen auch in Ahlbeck die sogenannten goldenen zwanziger Jahre. Gewiß werden sie nicht überall im Ort und auch wohl nicht für jeden golden gewesen sein, und nicht nur das Gold, vor allem jeder Groschen mußte sauer verdient werden: Nur der Fremdenverkehr konnte dem Ort Aufstieg und Zukunft garantieren, nur die Fremden brachten das Geld zu den Einheimischen, und so lieferten sich die Einheimischen in den goldenen zwanziger Jahren einen stillen, aber harten Konkurrenzkampf um die silbernen Markstücke der Fremden: Die Gäste waren ihr Kapital – wer Gäste hatte, hatte auch Geld.

Wie man zu solch bescheidenem Wohlstand zu kommen trachtete, beschrieb die in Ahlbeck aufgewachsene Autorin Carola Stern in folgender Weise: „Zu Pfingsten kamen die ersten Gäste ... Vor dem Bahnhof stehen zu ihrem Empfang in geordnetem Spalier vorn die Droschkenkutscher und die

Hausdiener der besseren Pensionen und Hotels, dann die Wirtsleute, die Stammgäste erwarten, und ganz hinten ein paar Frauen, die Gäste kapern wollen ..."

Gewiß fand diese Art, sich Logiergäste einzufangen, nicht die offizielle Billigung der Behörden, und die Kurverwaltung hatte auch durchaus ihren Unmut darüber geäußert. Aber dabei blieb es auch, denn: Erstens war sie gar nicht imstande, solcher Kaperei Einhalt zu gebieten, und zweitens muß bezweifelt werden, daß sie es tatsächlich wollte, zumal jeder „eingefangene" Kurgast klingende Münze in die Ortskassen brachte.

Ahlbeck wuchs, breitete sich aus, hatte Anfang der 30er Jahre schon 3000 Einwohner und, wie die einschlägigen Reiseführer sich auszudrücken beliebten, einen ebenso „villenartigen" wie „städtischen" Charakter. Letzterer mag durch das neue Publikum noch begünstigt worden sein, denn da der Ort sich von Anfang seiner Seebad-Geschichte an nicht, wie die Nachbarorte, auf die vornehmen und reichen Schichten der Gesellschaft orientiert, sondern dem mittelständischen Publikum und der „armen Nätherin" verschrieben hatte, entdeckten Gewerkschaften und Berufsverbände das Seebad für sich und ihre Mitglieder. Um deren Aufenthalt stabil und sicher zu gestalten, erwarben sie geeignete Hotelbauten im Promenadenbereich. So kam schon damals der „Ahlbecker Hof", noch heute einer der schönsten und attraktivsten Hotel-Komplexe, in den Besitz der wohlhabenden Deutschen Angestelltengewerkschaft. Der

Deutsche Beamtenverein sicherte sich das Hotel „Ostende", und der vermögende Buchhändlerverein erwarb das „Strandhotel". Das Seebad Ahlbeck, der zeitgenössischen Literatur zufolge einer der beliebtesten Kur-, Ferien- und Erholungsorte an der deutschen Ostseeküste, verfügte im Jahre 1935 über die amtlich festgestellte Zahl von 138 Hotels und Pensionen und registrierte im Verzeichnis der deutschen Beherbergungsbetriebe mit der Pension „Tannenburg" sogar noch ein „jüdisches Haus", das aber ebenso rasch verschwand wie seine „nichtarischen" Besucher. Die „arischen" aber strömten in Massen nach Ahlbeck.

Selbst als die braunen Herren schon den nunmehr Zweiten Weltkrieg vom Zaun gebrochen hatten, erfreute sich der Ort uneingeschränkter Beliebtheit. Sogar der traditionsreiche „Ahlbecker Badeanzeiger" konnte bis 1942 erscheinen – dann kamen keine Gäste mehr, und die Ahlbecker Fischer, Pensionsinhaber und Gastronomen zogen in den Krieg. In ihre Häuser wiederum zogen als neue „Gäste" die Kinder und Jugendlichen aus den vom Bombenkrieg heimgesuchten Großstädten, die im Rahmen der sogenannten Kinderlandverschickung (KLV) an die Ostsee gebracht wurden, dann Wissenschaftler, Ingenieure und Techniker der von den Alliierten bombardierten V-Waffen-Entwicklungsstelle Peenemünde und schließlich, je mehr der Krieg sich näherte und an seinen Ausgangspunkt zurückkehrte, die Flüchtlinge aus den von der Sowjetarmee eroberten deutschen Gebieten ein. Als am 12. März 1945 anglo-amerikanische Bomberverbände die mit zurückflutenden Soldaten und Flüchtlingen überfüllte Kreisstadt Swinemünde zerstörten, wobei Tausende den Tod fanden, flohen die Überlebenden und die Einwohner der Insel Wollin in die Nachbarorte, deren erster Ahlbeck war.

Inzwischen näherte sich die Sowjetarmee sowohl aus Swinemünde wie auch von Wolgast her dem Bäder-Dreieck, aus dem die letzten Wehrmachtseinheiten per Schiff und per pedes eilig verschwanden. Aber es war Krieg, immer noch, und die Rote Armee konnte nicht wissen, ob und wieviel deutsches Militär sich in den Seebädern aufhielt. Um der drohenden Gefahr eines bewaffneten Angriffs zu entgehen, mußten die sowjetischen Verbände über die tatsächliche Situation in Kenntnis gesetzt werden. Fünf Ahlbecker Bürger durchaus unterschiedlicher Herkunft und Weltanschauung taten sich zu einer Delegation zusammen und beschlossen, den „Russen" entgegenzufahren und den Ort kampflos zu übergeben. Die Sozialdemokraten Kurt Bütow und Paul Kluge stiegen mit dem Kommunisten und ehemaligen KZ-Häftling Ludwig Kubischewski und dem christlichen Demokraten Richard Barth in das Taxi des Ahlbecker Fuhrunternehmers Richard Giese und fuhren auf der Fernverkehrsstraße nach Usedom in Richtung Korswandt den Sowjettruppen entgegen. Am Zierowberg stießen sie auf eine Vorhut der Roten Armee und versicherten deren Offizieren die „Militär-Freiheit" ihres Heimatortes. Tatsächlich gelang es ihnen, zu erreichen, daß die sowjetischen Einheiten ohne Kampfhandlungen in das Seebad einzogen.

Am Vormittag des 5. Mai 1945 erfolgte die Besetzung des Ortes, die trotz der „kampflosen Übergabe" keineswegs ohne Gewalttaten oder Beschlagnahmungen vor sich ging – es war immer noch Krieg in Deutschland, und Frieden und Ordnung zogen auch in Ahlbeck erst nach der Kapitulation am 8. Mai und der offiziellen Einrichtung einer regulären sowjetischen Kommandantur ein. Deren Herr wiederum war ein kluger, gebildeter und außerordentlich tatkräftiger Major aus Leningrad, ein rotbärtiger Hüne namens Nasarow, der wenig später nicht nur das gesamte Bäder-Dreieck, sondern als Kreis-Kommandant die ganze Insel Usedom regierte. Das lag sicher nicht nur an seinem Charakter, seiner Tatkraft und seiner zweifellos bewundernswerten Fähigkeit, mit dem ihm fremden Land und seinen Leuten umzugehen, sondern auch an der geographischen Lage seiner Kommandantur: Denn Ahlbeck war, nachdem Swinemünde an Polen abgetreten worden war, zur neuen Hauptstadt von Kreis und Insel Usedom geworden. Landrat und Kreisverwaltung hatten hier bis 1952 ihren Sitz und wurden erst mit der Bildung eines neuen Kreises Wolgast in die einstige pommersche Herzogsstadt auf dem Festland verlegt.

Nasarow setzte den Sozialdemokraten Kurt Bütow als ersten Bürgermeister ein, ließ die Schule, die von lettischen SS-Leuten demoliert worden war, wieder für den Unterricht herrichten, berief neue Lehrkräfte und eine aus

Kommunisten und Sozialdemokraten zusammengesetzte Ortsverwaltung und sorgte, so gut es ging, für Essen und Trinken. Dennoch griffen Hunger und Krankheiten um sich, der örtliche Arzt Dr. Güthenke richtete ein provisorisches Infektions-Krankenhaus ein, und Kinderkuren wurden organisiert, aber an regulären Fremdenverkehr war vorläufig noch nicht zu denken.

Ahlbeck war Kreisstadt, und ein beträchtlicher Teil seiner Hotels und Pensionen war zu Verwaltungsgebäuden und Wohnräumen umfunktioniert worden. Außerdem war nach der noch in den letzten Kriegstagen erfolgten Sprengung der Eisenbahnbrücke bei Karnin die Insel sozusagen abgeschnitten und nur auf den Busverkehr angewiesen, der allerdings mit viel Energie und Enthusiasmus in Ahlbeck begründet wurde. Noch heute hat das größte Busunternehmen der Insel seinen Sitz an diesem Ort, an dem es mit den Bussen „Herz-As", „Pik-As" und „Karo-Dame" seinen Anfang nahm. Das war 1950.

Im gleichen Jahr brachte das Kommunale Wirtschafts-Unternehmen (KWU) – so hieß das Verwaltungs-Konglomerat, dem auch die Kurverwaltung angehörte – den ersten örtlichen Bäder-Prospekt heraus. Darin wird das Seebad wie schon zur Jahrhundertwende als Erholungsstätte aller Feriengäste bezeichnet. Merkwürdigerweise legte es sich jetzt aber den Beinamen Bergisch Seeland zu. Diese Bezeichnung, die offensichtlich der hügeligen Waldlandschaft geschuldet war, setzte sich jedoch nicht durch. Wie eh und je warnte die Kurverwaltung vor den Gäste-Kapereien am örtlichen Bahnhof, pries Fichtennadel-, Sole-, Moor- und Kohlensäure-Bäder an, empfahl vier Ärzte und zwei Zahnärzte und offerierte den potentiellen Gästen 10 Hotels, 7 Pensionen, 19 sogenannte Fremdenheime und 64 Privatvermieter mit insgesamt 406 Zimmern, in denen über 750 Betten zur Verfügung standen. Alte und neue Gaststätten boten sich an, im einstigen Gründungs-Etablissement „Wendickes Hotel", das wurde nun „Pommerscher Hof" genannt, befand sich mit Tanzsaal und Künstler-Klause die „größte Vergnügungsstätte im Seebad Ahlbeck", und der Fremdenverkehr florierte trotz Lebensmittelkarten, Aalschieberei und schwarzem und grauem Markt. Hotellerie und Gastronomie befanden sich im Aufwind, Gäste gab es genug aus allen politischen und wirtschaftlichen Gebieten des schon seit Jahren geteilten, aber noch nicht durch Mauern und Minen getrennten Deutschlands, und die Zukunft schien gesichert und ungefährdet.

Im Jahre 1953 allerdings wurde dieser Trend durch die „Aktion Rose" abgebrochen und die Entwicklung in eine neue Richtung umgeleitet: Wie in den meisten anderen Seebädern des Landes wurden die Besitzer von Hotels und Pensionen unter lächerlichen und oft konstruierten Beschuldigungen wirtschaftskrimineller Machenschaften bezichtigt, ihre Häuser beschlagnahmt oder enteignet und dem Feriendienst der Gewerkschaften als Erholungsheime zur Verfügung gestellt. Allmählich verdrängte diese Organisation auch das anfangs noch aktive staatliche Reisebüro und beherrschte schließlich das Feld des Urlauberverkehrs in den großen Bädern der Insel Usedom fast allein. Die Hotels und Pensionen, die zu Ferienheimen des FDGB umfunktioniert wurden, erhielten auch neue Namen. Sie wurden nach ehemaligen Gewerkschaftsfunktionären oder in- und ausländischen Sozialistenführern bzw. Staatsmännern benannt. So ist der traditionsreiche „Ahlbecker Hof" z. B. einer ganzen Generation nur als „Bernhard-Göring-Heim" in Erinnerung. Erst nach der Wende von 1989 bzw. der letzten Saison des Feriendienstes 1990 erhielten die Häuser ihre ursprünglichen alten Bezeichnungen zurück. Namensgebungen waren wohl zu allen Zeiten auch Synonyme für Gesellschafts-, Geschichts- oder Machtbewußtsein. So wurden, auch in Ahlbeck, aus den Kaiserstraßen Marxstraßen und nun wieder Kaiserstraßen und aus den Gewerkschaftsheimen wieder Hotels mit Blumen- und Landschaftsnamen. Etwa Anfang der zwanziger Jahre wurde – angeblich vom Siemens-Konzern – noch hinter dem einstigen Kaiser-Wilhelm-Heim ebenfalls im Waldgebiet vor Swinemünde ein Ferienhaus-Ensemble erbaut, das nach dem Zweiten Weltkrieg als Partei-Erholungs-Heim den Namen der sowjetischen Partisanin Soja Kosmodemjanskaja erhielt, die am 29. November 1941 von der deutschen Besatzungsmacht öffentlich hingerichtet worden war. In der üblichen Abkürzungs-Gewohnheit wurde es von Einwohnern und Gästen als „Soja-Heim" bezeichnet. Nach der Wende ging es zuerst in die Verwaltung der Treuhand über, von der es dann ein Touristik-Unternehmer erwarb und es „Waldoase" nannte.

Zurück zu den Gästen: Zu Zeiten des Feriendienstes der Gewerkschaften wandelte sich überall in der DDR natürlich auch die Gäste-Struktur, so auch in Ahlbeck: Im Zwei-Wochen-Rhythmus brachte der gewerkschaftliche Feriendienst Tausende Urlauber in die Heime an der Ostsee, die bis dahin keine Möglichkeiten hatten, sich einen Ferienaufenthalt am Meer leisten zu können – Werktätige aus der mitteldeutschen Industrie, aus den Großbetrieben und späteren Kombinaten, denen er während ihres Urlaubs auch eine Fülle von meist kostenlosen Kulturveranstaltungen aller Art bot. Andererseits jedoch war dies wirklicher Massen-Tourismus, der einheitliches Essen in Schichten und zu genau festgelegten Zeiten mit einem festen Speisenplan nötig machte und allein auf solche Weise die individuelle Urlaubsgestaltung Einschränkungen und Zwängen unterwarf. Darüber hinaus bestimmte der Feriendienst die Höhe der Kurtaxe und die Stagnation oder Weiterentwicklung der Seebäder. Die kommunale Entscheidungsgewalt der einzelnen Gemeinden war erheblich eingeschränkt – eigentlich bestimmte der Urlaubs-Monopolist FDGB, der allerdings auch in den Wintermonaten seine Heime mit Kurpatienten füllte und so den Bädern eine ganzjährige Saison sicherte, die Entwicklung der Orte.

Ahlbeck war immer ein Ort des Sports, vor allem des damals noch berechtigterweise als weißer Sport bezeichneten Tennis. 1949 wurde eine aus 20 Enthusiasten bestehende Sportgemeinschaft gegründet, die inzwischen angewachsen und deren Verdienst es ist, aus dem östlichsten Seebad auf Usedom einen international anerkannten Tennis-Ort gemacht zu haben. Die drei alten Ahlbecker Tennisplätze, die schon vor dem Zweiten Weltkrieg hier wie in allen anderen großen Seebädern zum Grundbestand der touristischen Möglichkeiten gehörten, waren nach 1945 verwahrlost und fast bis zur Unbenutzbarkeit verkommen. Im Laufe der Jahre mit vielen Stunden Eigenleistungen und finanzieller Hilfe des Sportbundes der DDR und der örtlichen Verwaltung, schufen die Ahlbecker für sich und ihre Gäste eine in Qualität, Größe und Schönheit höchstens noch von dem Tennis-Mekka Zinnowitz erreichte Anlage. Seit 1973 wurde in Ahlbeck sogar der Nationen-Cup ausgespielt. Mit der Errichtung einer großen Halle wurden in den 90er Jahren die Sportanlagen erweitert und bereichert.

Gebaut wurde in Ahlbeck wie auch in den anderen Seebädern auf Usedom nur wenig und selten, da ja genug gut erhaltene Bausubstanz vorhanden war und die DDR sich vor allem auf den sicher auch notwendigen Städte-Ausbau konzentrierte. Selbst Bauten für das gewerkschaftliche Erholungswesen hielten sich in engen Grenzen. Ahlbeck jedoch war innerhalb dieses Zirkels: 1956 errichtete der Feriendienst ein eigenes Urlauberdorf. Ein Jahr später erbaute er am östlichen Ende der Promenade, die hier Dünenstraße heißt, das „Haus der Erholung" mit Tanzsaal, Restaurant, Klub- und Kulturräumen, dessen kulturelle Bedeutung für den Ort, seine Gäste und Einwohner gar nicht hoch genug eingeschätzt werden konnte. Inzwischen ist es privatisiert und wird tatsächlich von einem einheimischen Betreiber als große Diskothek und nach

Blick auf den Strand und die Kirche von Ahlbeck

View of the beach and church in Ahlbeck

Widok na plażę i kościół w Ahlbeck

wie vor beliebter Ort für Veranstaltungen aller Art genutzt. Es heißt jetzt „Haus der Erlebnisse" – allerdings wie zuvor auf die Kurzbezeichnung „HDE" reduziert, was seiner Beliebtheit keinen Abbruch getan hat.

Natürlich enstanden auch weitere Sozialbauten wie der weniger schöne aber für die damalige Zeit typische Schulneubau. Erst 1989 wurde das als Heimatstube bezeichnete Orts- und Seebad-Museum in Ahlbeck eröffnet, bei dessen Schaffung und Einrichtung der engagierte Orts-Chronist Dietrich Gildenhaar sich besondere Verdienste erworben hat. Historische Dokumente, Fotomaterialien wie z. B. das Konterfei des legendären Schneidermeisters Egelinski, Sachgegenstände und kuriose Zeugnisse aller Art geben hier Auskunft über Ortshistorie und die Entwicklung des Badewesens. Die Ahlbecker Heimatstube ist eine musale Kostbarkeit besonderen Charakters, und kein Besucher der Insel Usedom sollte ihre Besichtigung versäumen.

Heute sind die drei Kaiserbäder Ahlbeck, Bansin und Heringsdorf vor allem auch gekennzeichnet durch eine intensive Bautätigkeit. Es entstehen nicht nur neue Hotels und Pensionen, sondern es werden vor allem vorhandene umgestaltet, umgebaut, erweitert, vergrößert und renoviert, so daß sich das Ortsbild ständig partiell verändert. Diese Bautätigkeit wird sicher noch ein paar Jahre anhalten. Straßen, Gehwege, Promenadenanlagen, Seebrücke und Gastronomie sind diesen Wandlungen schon weitgehend unterzogen worden und haben erfreuliche Ergebnisse aufzuweisen.

Heimatstube Ahlbeck

"Heimatstube" Ahlbeck

Muzeum krajoznawcze w Ahlbeck

Ostseehotel in Ahlbeck

The "Ostseehotel" in Ahlbeck

Hotel nad Bałtykiem w Ahlbeck

Hotel „Ahlbecker Hof"
The "Ahlbecker Hof" Hotel
Hotel „Ahlbecker Hof"

Weniger erfreulich für den Ort ist seit Jahren der hin und her wogende Einkaufs-Tourismus von und nach Polen in das benachbarte Swinemünde. Zwar ist der Grenzübergang am östlichen Ende Ahlbecks nur ein Fußgänger-Übergang, aber die Massen an Kraftfahrzeugen, mit denen die deutschen Touristen in Ahlbeck anreisen, haben seit Jahren die Straßen und Parkplätze des Ortes überlastet. Erst mit der Einrichtung eines neuen Grenzbahnhofes am 8. Juni 1997 hat die Usedomer Bäder-Bahn (UBB) hier Entlastungsmöglichkeiten geschaffen.

Das Seebad Ahlbeck ist somit auch ein Ort, an dem zwei Völker Europas sich friedlich und freundlich begegnen, die gewiß genug aneinander und miteinander gelitten haben. Insofern hat Ahlbeck nicht nur seine kaiserliche Historie in die Werbe-Waagschale zu werfen, sondern vielmehr noch seine europäische Zukunft.

Fischerboot am Strand von Ahlbeck

Fishing boat on the beach in Ahlbeck

Łód rybacka na plaży w Ahlbeck

HERINGSDORF

Vineta ist hier herrlicher entstanden,
vom Meeresgrab verschönt zurückgekehrt,
die Schlösser, die verzaubert einst verschwanden,
hier stehn sie wieder, zauberhaft verklärt.

Korinthsche Säulen, ries'ge Blumenvasen,
mit Bildwerk Wand und Giebel reich geschmückt,
Rings Gärten, in den samtnen Rasen
buntfarbige Koniferen eingestickt.

Und überall ein märchenhaftes Walten,
der Markt, die Straßen stille, wie gebannt.
Ein ganzes Heer von schlummernden Gestalten
in Riesenkörben an des Meeres Strand.

Fern tönt es wie geheimnisvolle Glocken.
Ist's Rätselkunde aus des Meeres Mund?
Will unten uns die Märchenstadt verlocken,
hinab zu tauchen in den feuchten Grund?

Vill

Heringsdorf · Villas in Heringsdorf · Wille w Heringsdorf

Als das mittlere der sogenannten Kaiserbäder in solcher Weise von seinem Verehrer Ernst Gollnow bedichtet und besungen wurde, war es noch nicht einmal hundert Jahre alt. Dennoch ist Heringsdorf als Bade-, Kur- und Erholungsort die älteste der drei „Schwestern". Abgesehen von weiteren Superlativen, mit denen der Ort aufwarten kann, wie z. B. der längsten und vielgestaltigsten Promenade der drei Bäder, der längsten und größten Seebrücke auf dem europäischen Kontinent sowie der größten und höchsten Hotel-Bauten des Dreigestirns, hat es auch die ältesten, längsten und intensivsten Beziehungen zum preußischen Königshaus und zum letzten deutschen Kaiser unterhalten, wovon noch ausführlich die Rede sein wird. Heringsdorf war für lange Zeit und bis zum Ende der Monarchie eine Sommerfrische der Hohenzollern – ein richtiges echtes Kaiserbad.

Selbst seinen Namen verdankt es einem Königssohn. Und damit begann seine Geschichte.

Auf der Insel Usedom unterhielt der preußische Staat in zwei Orten Festungsanlagen, die regelmäßiger königlicher Inspektionen bedurften. Die Besuche der Monarchen in Swinemünde und Peenemünde gehörten sozusagen zum Jahresprotokoll des Hofes. Als Friedrich Wilhelm III. im Jahre 1820 wieder so eine Reise unternahm, wurde er von dem schon erwähnten Oberforstmeister Georg Bernhard von Bülow, dem außer dem „adligen" Ahlbecker Territorium auch Besitzungen westlich davon gehörten, darunter eine namenlose Fischerkolonie, eingeladen, letztere zu besichtigen. Also begaben sich die Herrschaften in jene nahe bei der uralten Siedlung Neukrug gelegene Niederlassung. Der König, der von seinen Söhnen Friedrich Wilhelm und Wilhelm begleitet wurde, erlebte dort zufällig die Anlandung großer Mengen Heringe, die sofort verarbeitet und in den Packhütten am Strand in Tonnen und Fässern eingesalzen wurden. Warum Bülow ausgerechnet an dieser Stelle und zu dieser Zeit den Kronprinzen darum bat, der Fischersiedlung einen Namen zu verleihen, ist nicht bekannt. Fest steht nur, daß dem königlichen Herrn angesichts der Situation eine Ortsbezeichnung einfiel, mit der Bülow auch einverstanden war: „Heringsdorf".

Ein Vierteljahrhundert später war die einstige Fischersiedlung bereits zu einem vielbesuchten Modebad geworden, wozu Bülow selbst durch die Errichtung mehrerer sogenannter Logierhäuser auf dem Kulm-Berg den Anstoß gegeben hatte.

Der Kronprinz war inzwischen als Friedrich Wilhelm IV. König von Preußen geworden und setzte, wie es sich gehörte, die Herrscher-Tradition fort, den Festungsanlagen von Swinemünde seinen jährlichen Besuch abzustatten. Eigentlich wollte der König dort ohne Verzögerung ein Schiff besteigen, um sich in das fürstlich-rügensche Seebad Putbus zu begeben. Es muß ihn jedoch gereizt haben, jenen Ort aufzusuchen, den er vor zweieinhalb Jahrzehnten „Heringsdorf" getauft hatte und der sich tatsächlich aus einer Fischerkolonie in einen vielgelobten Badeort verwandelt haben sollte. Außerdem war er ja nicht so weit von Swinemünde entfernt, und ein Tagesausflug ließ sich schon arrangieren. Der König fuhr also nach Heringsdorf, wo Bülow als Seebad-Gründer noch eifrig am Werke war: Seit Jahren hatte er sich bemüht, das Geld für den Bau einer Kirche zusammenzubringen, denn ein vornehmes Seebad ohne Kirche schien ihm bei dem Publikum, das in diesem Ort verkehrte, auf die Dauer ganz undenkbar. Schon sechs Jahre lang war in Heringsdorf Geld für einen Kirchenbau gesammelt worden, aber die Spendenmittel, die auf solche Weise zusammengekommen waren, hätten die Baukosten bei weitem nicht decken können. So kam der Besuch des Königs dem Oberforstmeister gerade recht: Es gelang ihm, dem König die Situation so zu schildern, daß der einen erheblichen Baukostenzuschuß zusagte und unter der Bedingung bewilligte, daß die Heringsdorfer Kirche nach seinen eigenen Plänen und den Entwürfen des ihm vertrauten Berliner Baumeisters Persius errichtet werden und mit ihrem Bau unverzüglich begonnen werden sollte. Nichts konnte Bülow lieber sein – er selbst stellte auf einem Hügel in unmittelbarer Nähe seiner Logierhäuser den Baugrund zur Verfügung, und die vornehmen Gäste des jungen Seebades taten es ihrem König gleich und beteiligten sich mit erheblichen finanziellen Zuwendungen an dem Kirchenbau.

Bereits zwei Jahre nach dem tatsächlich „unverzüglichen" Baubeginn war die Kirche fertig und konnte ausgerechnet im

Revolutionsjahr 1848, als es dem königlichen Schirmherrn und seinen fürstlichen Gefährten zumindest zeitweilig nicht sehr wohl gewesen sein mag, ihrer Bestimmung übergeben werden. Sie gehört bis auf den heutigen Tag zu den architektonischen Schmuckstücken des Seebades.

Mit dem Seebad war es unerwartet rasch aufwärts gegangen, und zur Zeit der Kirchen-Eröffnung bevölkerten schon 400 vornehme Badegäste Strand, Straßen und Waldrevier des Ortes. Auch die Hohenzollern waren ihrem Heringsdorf treu geblieben und wohnten im Sommerdomizil ihres Freundes Bülow. Dieses empfängt noch heute auf der Höhe des Kulmberges als Hotel und Restaurant Gäste, ist aber von einem späteren Besitzer, dem Theaterdirektor Gollbach, als „Weißes Schloß" bezeichnet worden. Zu Bülows Zeiten hieß es nicht so.

Auch als fünf Jahre nach Friedrich Wilhelms Tod und schon zur Regierungszeit Wilhelms I. die preußische Kronprinzessin Victoria 1866 mit ihren Söhnen Heinrich und Wilhelm, dem späteren Kaiser Wilhelm II., in jenem Hause wohnte, trug es noch nicht diesen Namen. Es war inzwischen aus Bülowschem Besitz in das Eigentum der Gräfin Stollberg übergegangen.

Auch Victorias Gemahl Friedrich Wilhelm, der spätere Kaiser Friedrich III., der nur 99 Tage regierte und an Kehlkopfkrebs starb, hatte sich nach seinem Sieg bei Königgrätz und dem Krieg gegen Österreich in Heringsdorf eingefunden. Den Herrschaften bekam der Aufenthalt an der Ostsee tatsächlich wie eine Badekur, also brachten sie ihren königlichen Wunsch zum Ausdruck, auch im folgenden Jahr wieder die Gastfreundschaft der Gräfin Stollberg in Anspruch nehmen zu wollen. Diese Dame jedoch hatte durchaus andere Pläne mit ihrer Heringsdorfer Besitzung und ließ dem preußischen Herrscherhaus mitteilen, daß sie den Sommer des Jahres 1867 selbst in ihrem Hause auf dem Kulm zu verbringen gedächte. Das nahmen die Hohenzollern übel und kehrten Heringsdorf den Rücken. Von nun an verbrachten sie ihren Sommerurlaub an anderen Orten.

Jedoch hielt solche Abstinenz nur gut zwanzig Jahre an, dann kehrten die Herrscher zurück: Wilhelm II. nämlich, seit 1888 Deutscher Kaiser und König von Preußen, setzte Traditionen fort: Wie eh und je führten seine sogenannten Nordlandfahrten den Kaiser auch nach Swinemünde, und von dort aus besuchte er wie seine Vorfahren das vornehme Heringsdorf. Vielmehr ließ er sich und seine Begleitung von Swinemünde aus gewöhnlich mit drei Autos in die Villa der verwitweten Kommerzienrätin Staudt (Delbrückstraße 6) fahren, die noch heute oft als „Kaiservilla" bezeichnet wird. Elisabeth Staudt sah seiner Frau sehr ähnlich und soll deshalb „sein Typ" gewesen sein. Welche Neigungen den Kaiser also hierher zogen, bleibt ungewiß. Fest steht allerdings, daß er niemals seine Gemahlin mit in die Villa Staudt brachte, und ebenso fest steht, daß mit seiner Abdankung 1918 alle Beziehungen des kaiserlichen

Herrn zu Heringsdorf ein Ende fanden. Dabei hatte sein Vater acht Jahre nach der Kaiserkrönung und Reichsgründung im Spiegelsaal von Versailles den Ort Heringsdorf erst zum Seebad gemacht. Mag sein, daß der Einfluß der Familie Delbrück, die vor Zeiten schon den preußischen Prinzen-Erzieher gestellt hatte und deren bedeutendster Vertreter, Dr. Hugo Delbrück, inzwischen Heringsdorf regierte, zu jener Verfügung beigetragen hat, die aus dem Badeort an der Ostsee amtlich und offiziell ein Seebad machte und folgenden Wortlaut hatte:

„Auf den Bericht vom 24. Mai d. J. will ich die im Kreise Usedom-Wollin gelegenen Kolonien Heringsdorf und Neukrug mit den auf der wieder beifolgenden, von dem Katasterkontrolleur Sommer entworfenen Handzeichnung d. d. Swinemünde, 15. April 1879, rot und bzw. gelb eingezeichneten Realitäten unter Abtrennung von dem selbständigen Gutsbezirke Gothen hierdurch zu einem besonderen Gemeindebezirke mit dem Namen ‚Seebad Heringsdorf' erklären.
Schloß Babelsberg, den 4. Juni 1879
gez. Wilhelm
gegengez. Graf Eulenburg."

Das war's also: Mit dieser kaiserlichen Amtshandlung wurde aus dem ohnehin schon renommierten Nobel-Bad an der

Ostsee ein Seebad erster Klasse. Für diese Klasse jedoch waren weder Bülow noch der Kaiser verantwortlich – die verdankte der Ort vielmehr jenem Mann, der als Gründer der Aktiengesellschaft Seebad Heringsdorf den Ort auf Usedom tatsächlich zu einem Weltbad machte: Dr. Hugo Delbrück. Er und seine Söhne Viktor und Werner leiteten in Heringsdorf eine Entwicklung ein, die in die Lokalgeschichte als „die Ära Delbrück" eingegangen ist.

Bis auf den heutigen Tag sind Einfluß und sichtbare Hinterlassenschaften der Delbrücks in Heringsdorf erkennbar. Selbst die 1995 endgültig in Betrieb genommene neuerbaute Seebrücke ist kein kommunales Bauwerk, sondern eine Schöpfung privater Investoren, unter denen die Delbrück-Erben und die Delbrück-Bank die wohl wesentlichste Rolle spielten. Seit mehr als 130 Jahren ist die Familie auf solche Weise mit Heringsdorf verbunden. Lore Schmid-Delbrück z. B. schrieb in ihrer „Genealogischen Plauderei": „1863 entdeckten Hugo und Adelbert die Schönheit Heringsdorfs. Sie waren im Frühjahr nach Misdroy gefahren, um dort Sommerquartier für ihre Familien zu suchen. Aber Misdroy gefiel ihnen nicht. Sie kehrten nach Swinemünde zurück, um sich am nächsten Morgen Heringsdorf anzusehen. Als sie – bald nach Sonnenaufgang – am Strande entlangfuhren, dann herauf in den Buchenhain, der, von Sonne beschienen, im ersten Grün prangte, riefen sie gleichzeitig aus: ‚Weg mit Misdroy! H i e r bleiben wir!' Damit hatte Hugo seine zweite Wahlheimat gefunden. Da es nur wenige ... Wohnungen in dem kleinen Fischernest gab, baute er sich dort ein Haus.

Im Winter 1871 erzählte er Adelbert, daß die Besitzerin von Heringsdorf, eine Gräfin Stollberg, einen Teil des Waldes an einen Holzhändler verkaufen wollte. Die Brüder entschlossen sich, als Käufer aufzutreten und zu diesem Zweck eine Gesellschaft zu bilden. 7–800 Morgen Wald, eine Badeanstalt und einige Häuser wurden für 115 000 Thaler erworben.

Im Jahr darauf baute auch Adelbert.

Dem Beispiel der Brüder folgten Verwandte und Freunde. Hugo – im Vorstand der ‚Aktiengesellschaft Seebad Heringsdorf' – bewies sein organisatorisches Talent ..."

Möglicherweise scheint manchem Leser der Ausgangspunkt für das Delbrücksche Engagement etwas romantisch verklärt zu sein, aber davon abgesehen haben die Delbrücks tatsächlich aus dem Seebad ein Weltbad gemacht. Die Verwaltung der Aktiengesellschaft, also der Regierungssitz der Delbrücks, lag in einem in seiner architektonischen Urform erhalten gebliebenen Gebäude auf einem kleinen Hügel im direkten Zentrum des Ortes, das die Brüder seines Baustils wegen als Langes Haus bezeichneten. Noch bis in die Zeit nach 1990 hinein diente es der örtlichen Kurverwaltung als Arbeitsort. Heute werden die meisten Räume von der Maxim-Gorki-Bibliothek, die restlichen von anderen gesellschaftlichen Einrichtungen genutzt.

Historische Postkarten mit Ansichten des Seebades Heringsdorf

Historical postcards with views of the sea resort Heringsdorf

Historyczne pocztówki z widokiem na kąpielisko morskie Heringsdorf

Ostseebad Heringsdorf. Kaiser Wilhelmbrücke.

Ostseebad Heringsdorf Blick auf das Kurhaus

Seebad Heringsdorf - Familienbad

Ostseebad Heringsdorf
Kurhaus, Kaiserhof mit Umgebung

Wie aus Lore Schmid-Delbrücks genealogischer Niederschrift ersichtlich, wurde nach dem Kaufvertrag mit der Gräfin Stollberg ein weiteres Privathaus der Familie errichtet. Es entstand als „Villa Delbrück" auf dem Kulm-Berg zwischen dem „Weißen Schloß" und der Kirche. Es fällt auf durch einen hohen mit einer gläsernen Haube gekrönten Lichtschacht, in dem Werner Delbrück angeblich seine Heißluft-Ballons aufbewahrt haben soll – darüber wird noch zu reden sein. Nach dem Zweiten Weltkrieg diente die Villa jahrzehntelang als Sitz der Poliklinik und beherbergt auch heute noch – sozusagen als Stammhaus der alten und neuen medizinischen Einrichtungen rundherum – zahlreiche Arzt-Praxen, Labors und Betreuungs-Einrichtungen.

Die reiche Berliner Wirtschafts- und Finanzfamilie Delbrück ließ in Heringsdorf weitere zahlreiche Bauten errichten, die nur noch zum Teil vorhanden sind, die aber zusammen mit den später entstandenen Bauten dem Ort sein unverwechselbares Gesicht verliehen haben.

Zuerst ein Blick auf die Familiengeschichte: Hugo Delbrück leitete die Aktiengesellschaft Seebad Heringsdorf bis zu seinem Tode im Jahre 1900. Danach traten seine Söhne Viktor und Werner, selbstverständlich beide promoviert, als neue Chefs an die Spitze des erfolg- und ertragreichen Unternehmens. Beiden jedoch war kein sonderlich glückliches Schicksal beschieden: Neigungen, Lebensvorstellungen und -ziele der beiden Brüder waren grundverschieden. Viktor war Stadtverordneter von Stettin, und sein wirkliches einziges, ständig von ihm angestrebtes und nie erreichtes Ziel war es, als Oberbürgermeister die Metropole Pommerns zu regieren. Seine Heringsdorfer Aktivitäten hielten sich demzufolge in engen Grenzen. Sie beschränkten sich im Grunde darauf, dem Ort seine waldreiche Umgebung in bester Form und Qualität zu erhalten und besonders den Bestand an Buchen zu pflegen und zu erweitern – man hätte den Eindruck haben können, an ihm sei ein Förster verlorengegangen. Seine zweite Heringsdorfer Leidenschaft galt der Förderung von Kirchenkonzerten, damit der örtliche Pfarrer und Ortschronik-Verfasser Hartwig den fünfzig Jahre alten Persius-Bau ausbauen, erweitern und ausgestalten konnte. Viel Zeit blieb ihm nicht dafür: Nach sieben Jahren Heringsdorfer Regierungstätigkeit starb Viktor Delbrück, erst 45 Jahre alt, am 3. Januar 1907, an Blutvergiftung.

Sein Bruder Werner, am Beginn des Jahrhunderts ebenfalls Direktor der Heringsdorfer Aktiengesellschaft und verdienstvoller Kommunalpolitiker, überlebte Viktor nur um drei Jahre.

Dr. Werner Delbrück war ein abenteuerlustiger Mann: Seine wirkliche persönliche Leidenschaft war der Ballon-Flug. Zwei Jahre nach dem Tod seines Bruders, als er die Heringsdorfer Aktiengesellschaft allein regierte, startete er gemeinsam mit dem örtlichen Hotelbesitzer Emil Lindemann und einem Ingenieur namens Gericke zu einer Luftfahrt, die bereits kurz nach dem Start ihr Ende fand und die Ballon-Fahrer fast das Leben gekostet hätte: Natürlich war der Strand voller Menschen, als die Herren in die Gondel stiegen und der Ballon sich mit ihnen in die Lüfte erhob. Es müssen keine sonderlich friedfertigen Lüfte gewesen sein – irgendwelche widrigen Winde oder sonstige aerodynamische Vorkommnisse, die von den kühnen Luftfahrern in keiner Weise beeinflußt werden konnten und denen sie aus diesem Grunde hilflos ausgeliefert waren, drückten den Ballon auf das Meer nieder. Gott sei Dank war ein Schiff in der Nähe der Unglücksstelle, angeblich ein Dampfschiff der Regierung. Diesem Zufall verdankten die drei Ballonfahrer ihr Leben – der Dampfer eilte ihnen zu Hilfe und nahm sie an Bord.

Der havarierte Ballon aber war eine spezielle Heringsdorfer Strand- und Gäste-Sensation: Wer Mut und Lust hatte, konnte mit dem Herrn Direktor Dr. Delbrück persönlich in die Gondel und dann so hoch in die klaren Lüfte steigen, wie die Länge jenes Taus es zuließ, mit dem die heimischen Fischer das Gefährt festhielten und vor dem Abtreiben bewahrten. Allerdings: Umsonst war das Vergnügen nicht. Wer an Delbrücks Seite in den Himmel steigen wollte, mußte einen beträchtlichen Obolus dafür entrichten. Das Geld floß in die Heringsdorfer Wohlfahrtskasse, deren Bestand Delbrück auf solche Weise und durch persönliches Engagement erheblich auffüllte. Das Ergebnis wird ihm gefallen haben – die Ballon-Spiele selbst gefielen ihm nicht: Dies war es nicht, was der leidenschaftliche Luftfahrer wollte.

Seine Leidenschaft bezahlte er mit dem Leben: Als er im April 1910 wieder zu einer waghalsigen Ballon-Reise über die

Ostsee startete, endete der Flug kurz vor Saßnitz – das Gefährt stürzte ins Meer. Der Direktor der Aktiengesellschaft Seebad Heringsdorf war 43 Jahre alt – mit seinem Tod endete die vierzigjährige direkte Herrschaft der Delbrücks in Heringsdorf – es war eine für den Ort segensreiche Zeit. Wie am Beispiel der neuen Seebrücke deutlich wird, hat das Engagement der Familie für den Ort bis heute angehalten.

Auch vor mehr als hundert Jahren war die Seebrücke das Delbrücksche Renommierstück – sie war über sechs Jahrzehnte lang das bedeutendste Bauwerk dieser Art an der Ostseeküste. Einen halben Kilometer weit erstreckte sich der auf hölzernen Pfählen ruhende Seesteg vom Strand aus ins Meer. Spezielle Anleger garantierten an seinem Ende das Festmachen von Motor- und Segelbooten ebenso wie den Halt der großen von Stettin und Swinemünde aus verkehrenden Rügen-Dampfer. Ausgeführt in der berühmten und vielbewunderten filigranen Holzbauarchitektur jener Zeit, verfügte der Seesteg an der Landseite über einen türmchenreichen Hallen-Vorbau, in dem Geschäfte, Restaurationseinrichtungen unterschiedlichster Art und Kolonnaden zum Wandeln und Verweilen einluden. Bei den Beziehungen der Delbrücks zum deutschen Herrscherhaus war es kein Wunder, daß der Kaiser als Sommergast des Ortes einem Wunsch der Familie entsprach und im Winter 1891, noch bevor mit dem Bau des imposanten Seesteges überhaupt begonnen worden war, von hoher See einen Erlaß nach Heringsdorf senden ließ, der folgenden Wortlaut hatte:

„Auf Antrag des Vorstandes der Aktiengesellschaft Seebad Heringsdorf habe ich die Genehmigung dazu erteilt, daß der neuen Landungsbrücke am Kurhause von Heringsdorf der Name Kaiser-Wilhelm-Brücke beigelegt werde.

An Bord des Eisbrechers ‚Berlin', den 13. Januar 1891
gez. Wilhelm R.
    gegengez. von Maybach."

In der Halle der neuen Delbrückschen Seebrücke geben Fotos und Dokumentationen Auskunft über Konstruktion und Aussehen der alten Heringsdorfer Brücke. 1946 erlitt sie ihren ersten Schaden: Aus dem Lagerfeuer der damaligen sowjetischen Brückenwache entstand ein Brand, der Brückenkopf und Restaurant vernichtete, an deren Wiederaufbau natürlich niemand dachte. Selbst nach diesem Verlust war die Brücke noch ein vielbesuchtes Bauwerk für Gäste und Einwohner. Ein Dutzend Jahre später jedoch versetzte eine Brandstiftung ihr den Todesstoß. Die glanzvolle Einrichtung des landseitigen Bereichs, die große Eingangshalle und ihre Nebengebäude brannten vollständig nieder. Gewiß versprachen die Behörden den Wiederaufbau, und die Bevölkerung sammelte auch 20 000 Mark dafür, aber an eine Rekonstruktion war ernsthaft nicht zu denken: Erstens fand zu DDR-Zeiten von den Seebrücken aus ohnehin kein Schiffsverkehr statt, und zweitens hätte ein auch nur annähernd stilgerechter Wiederaufbau, noch dazu mit dem teuren Werkstoff Holz, einen Millionenbetrag gekostet, bei dem die gesammelte Summe nur einen winzigen Tropfen auf einen heißen Stein dargestellt hätte. Es mußten 35 Jahre ins Land gehen, bevor die Delbrücks ihre Brücke in Heringsdorf wieder aufbauen und Schiffe und Boote wieder an ihr festmachen konnten. Die 20 000 Mark jedoch waren auch damals nicht umsonst – sie wurden mitverwendet, um im Ort einen schuleigenen Turnhallenbau auszuführen.

Zu den wahrhaft imponierenden Strandbauten jener Zeit gehörte auch das in den westlichen Kuranlagen, im Dünen- und Strandbereich liegende Familienbad, das eine direkte Schöpfung Werner Delbrücks gewesen sein soll. Es war wie die Seebrücke ein architektonisches Märchen-Gebilde von geradezu faszinierender Originalität. Von den Kuranlagen aus gelangte der Besucher in eine große Eingangshalle mit Versammlungsraum. Dieser Mittelteil wurde von zwei hoch aufragenden Turmbauten flankiert, welche wiederum von abgestumpften Pyramiden-Dächern gekrönt wurden. Links und rechts der Halle ragten lange überdachte Seitenflügel, im Strandbereich wie die Seebrücken von Stützpfeilern getragen, bis an das Meeresufer. Sie enthielten sage und schreibe 200(!) Umkleidekabinen, und von ihrem Kopfende aus führten Treppen und eine zwölf Meter hohe Rutschbahn direkt ins Wasser.

Es war ein geradezu phantastisches Bauwerk; Ludwig Pietsch, weitgereister Maler, Schriftsteller, Professor, häufiger Heringsdorf-Besucher und Autor der angesehenen, einflußreichen und berühmten „Vossischen Zeitung", verglich die Delbrücksche Badeanstalt mit der auf dem Lido von Venedig. Auf jeden Fall ähnelte das Bauwerk einem hölzernen Schloß und paßte hervorragend in die ausgedehnten und gepflegten Kuranlagen. Seine Funktion als Badeanstalt hatte es längst verloren, als es nach dem Zweiten Weltkrieg unter dem Namen „Strandcafé" in eine viel und gern besuchte Tanzgaststätte umgewandelt wurde, in der zu damaligen Zeiten noch keine

Discothek die „lebendige Musik" der Kapellen ersetzte und das sich seiner besonderen Atmosphäre wegen großer Beliebtheit erfreute. Fünf Jahre nach der klassischen Seebrücke brannte auch das Familienbad ab – heute erinnert nichts mehr an den Standort des einst so beliebten Bauwerks.

In unmittelbarer Nähe des Familienbades vernichtete das Feuer im Februar 1946 bereits das direkt am Kurplatz gelegene „Strandkasino". Das Gebäude erfüllte mehrere Funktionen gleichzeitig: Seine Musik-, Lese- und Konversations-Räume sowie sein großer Saal mit fünfhundert Plätzen qualifizierten es zum offiziellen Kurhaus der Gemeinde. Mehrere Spielzimmer machten es zum Casino, Außen- und Innen-Tanzflächen und Orchesterpodien zum musikalischen und Vergnügungs-Zentrum des Seebades – ein multifunktionales Bauwerk von hohem Rang, in dem auch Läden und Geschäfte aller Art Platz gefunden hatten. Nachdem das „Strandkasino" wie gesagt bis auf die Grundmauern niedergebrannt war, errichtete an seiner Stelle die sowjetische Besatzungsmacht, die Heringsdorf damals als Sanatoriumsort nutzte, mit Hilfe der Norddeutschen Bauunion und unter Aufsicht und Verantwortung des sowjetischen Bauleiters Zyrulnik ein neues Kulturhaus, das in seiner ursprünglichen Gestalt noch heute den Kurplatz nach Westen begrenzt. Es erhielt einen Theatersaal mit rund 700 Plätzen, ein großes Bühnenhaus am westlichen Ende und als östliche Begrenzung zwei große gastronomische Einrichtungen. Die Greifswalder Bildhauerin Karla Friedel, die auch die Hauptmann-Büste für des

Die Heringsdorfer Seebrücke

The pier in Heringsdorf

Most morski w Heringsdorf

Die Heringsdorfer Seebrücke

The pier in Heringsdorf

Most morski w Heringsdorf

Das Kulturhaus in Heringsdorf

The "Kulturhaus" in Heringsdorf

Dom Kultury w Heringsdorf

Dichters Haus auf Hiddensee geschaffen hat, gestaltete nach sowjetischen Entwurfsvorlagen den heute noch vorhandenen Giebelfries.

Das Haus ist in seiner ursprünglichen Gestalt am umgebauten Kurplatz erhalten, aber durch landseitige Anbauten um das neue Rathaus und gastronomische Einrichtungen erweitert worden. Auch ein Spielcasino soll 1998 wieder einziehen. In Richtung Bansin schließt sich der 1997 eröffnete Neubau des MARITIM-Hotels „Kaiserhof" an. Dieser Name hat Tradition, denn:

Schräg gegenüber vom ehemaligen „Strandkasino" wurde an der südlichen Flanke des Kurplatzes 1883 mit dem Bau des Hotels „Atlantic" begonnen – es war, und dies wohl von Anfang an, ein Riesenhotel, das in zwanzig Jahren Bauzeit von 1886 bis 1906 schließlich jene Gebäude-Gestalt erhielt, die dann ein Dreivierteljahrhundert lang das Gesicht des Seebades Heringsdorf prägte. Unter dem bezeichnenden Namen „Kaiserhof – Atlantic" ging der Monumentalbau später in die Betreuung des Hotelkonzerns Kempinski über, ein Haus mit 300 Betten, 30 Bädern, Bar, Konditorei, Speise-, Tanz- und Gesellschafts-Saal, angeblich das schönste Hotel an der Ostseeküste. Natürlich beschäftigte es ein eigenes Orchester, livrierte Portiers und eine Unzahl Dienstboten für das Wohlergehen seiner Gäste-Mengen. Es war eine Hotel-Stadt mit Eigenleben. Seine beherrschende Rolle und seinen Symbol-Charakter für Heringsdorf verlor das Haus auch nach dem Kriege nicht: Zuerst diente es als Zentrum des schon erwähnten sowjetischen Sanatoriums und nach dessen Auflösung zu Beginn der 50er Jahre als größtes Ferien- und Erholungsheim des gewerkschaftlichen Feriendienstes in der DDR. Es bekam den Namen „Solidarität" und wurde von der Bevölkerung (manchmal noch bis auf den heutigen Tag!) kurz und knapp „Soli" genannt. Neben dem „Kulti", übliche Abkürzung für das Kulturhaus, war „Soli" vierzig Jahre lang zentraler Veranstaltungs- und Vergnügungsort in Heringsdorf.

Das alte Kempinski-Gebäude war allerdings ein knappes Jahrhundert nach seiner Errichtung und wohl auch einer jahrzehntelangen bautechnischen Vernachlässigung wegen so verschlissen, daß eine Sanierung offenkundig unbezahlbar geworden wäre und man sich zum Abriß entschloß. Damit fiel das größte und wohl auch bedeutendste Symbol der Delbrück-Ära in Schuttbergen zusammen. An seiner Stelle errichtete Anfang der achtziger Jahre der Feriendienst des FDGB ein architektonisch ziemlich ausdrucksloses Gebäude-Ensemble, das aus zwei Bettenhaustürmen und einem angegliederten Gaststättenbereich im Flachbau bestand und bei seiner Einweihung wie das Kempinski-Hotel vorher den Namen „Solidarität" erhielt: Zwar war die äußere Gestalt völlig verändert, aber „Soli" blieb „Soli".

Erst nach 1989 wurde der Name geändert und kurze Zeit lang hieß der Komplex „Vineta". Das Gebäude-Ensemble ging in holländischen Besitz über und veränderte in den folgenden Jahren nicht nur seinen Namen, sondern auch sein Aussehen, teilweise sogar seine Funktion: Einer der beiden Türme wurde zur Kurklinik mit medizinischen Einrichtungen und einem großen Rehabilitations-Bereich, der zweite behielt seine Hotel-Funktion unter dem neuen Namen „Kurhotel". Die gastronomischen Gebäudeteile nahmen asiatische und europäische Nationalitäten-Gaststätten sowie ein Bowling-Center auf. In einer umfangreichen und langwierigen Bauphase wurden die ehemals flachen Schlaftürme mit spitzen Ziegeldächern, einer neuen Farbgebung und zahlreichen Um-, An- und Ausbauten versehen, die ihren ursprünglichen Charakter völlig und zum Positiven verändert haben. In keinem Teil und durch keinerlei Merkmal erinnern sie noch an frühere Formen, schon gar nicht an jenes Hotel „Kaiserhof – Atlantic", das zu Zeiten der Delbrücks errichtet wurde – das ist und bleibt nur noch ein Stück Erinnerung.

Ebenso ist es mit einem Bauwerk, das die heute 50jährigen Heringsdorfer gar nicht mehr kennengelernt haben und das vom Beginn des Jahrhunderts an bis 1946 als ein Wahrzeichen des Seebades galt: Es war, an einem regnerischen Septembertag 1905, Werner Delbrück, der, umgeben von einer illustren Zuhörerschar unter pechschwarzen Regenschirmen, eilig mit ein paar raschen Hammerschlägen im dichten Waldareal des sogenannten Präsidentenberges den Grundstein für ein Monument legte, das den Ort buchstäblich überragte und tatsächlich einzigartig in den drei Kaiserbädern war: Stein gewordene Erinnerung an jenen Mann, der die preußischen Könige erst zu deutschen Kaisern gemacht und das kaiserliche deutsche Reich begründet und geschaffen hatte: Otto von Bismarck.

Zur Ausführung des Projekts hatte Werner Delbrück den Berliner Architekten Otto Rietz ausersehen, der bereits in den Müggelbergen bei Berlin ein entsprechendes Memorial-Bauwerk errichet hatte. Ein Jahr nach der weihevollen und verregneten Grundsteinlegung konnte nach dessen Plänen und Bauzeichnungen in eben jenem hochgelegenen Waldareal mit dem Bau eines Turmes begonnen werden, der den etwas seltsamen Namen „Bismarck-Warte" bekam.

Der aus roten Ziegelsteinen 45 Meter hochgemauerte Turm erhielt eine Freitreppe, über welche man in die im Hochparterre gelegene Gedächtnishalle gelangte. Dort war eine große Bismarck-Skulptur aufgestellt, und Treppen führten von hier aus nach oben zur ersten Aussichtsplattform, die aus vier breiten Balkonen bestand. Von dieser Höhe und diesem Standort aus konnte der Blick des Besuchers bis zur Rügenschen Küste schweifen. Man konnte die ganze Insel und selbst noch das im Süden liegende Stettiner Haff übersehen. Von dieser vielbesuchten Aussichtsplattform aus gelangte man über eine eiserne Treppe auf die kleinere höher gelegene Plattform und zur Feuerschale, in der zu seltenen patriotischen Anlässen – wahrscheinlich zum Sedan-Tag und ähnlichen historischen Gedenktagen des Reiches – ein Feuer entzündet wurde und der Schein der lodernden Flammen das Kaiserbad überstrahlte. Wie dem auch sei: Von allen nationalen und nationalistischen Gedenk- und Feier-Elementen abgesehen, gehörte der hohe rotleuchtende Ziegelturm, auf dem in halber Höhe die Inschrift UNSEREM BISMARK prangte, jahrzehntelang zu den beliebtesten Ausflugszielen des Ortes und der Insel und für die Fischer und Seeleute zu einer weithin sichtbaren Landmarke, die in den Seekarten sogar als Ansteuerungszeichen vermerkt war. Kein Mensch hielt die Bismark„warte" für ein militärisches Objekt. Auch die Truppen der Sowjetunion, in der der „Eiserne Kanzler" ohnehin immer Ansehen, Achtung und Verehrung genossen hatte, konnten den Turm nicht als militärisch bedeutungsvoll oder gar gefährlich erkennen. Erst ein Jahr nach dem Krieg muß – von wem auch immer – festgestellt worden sein, daß der steinerne Riese auf dem Präsidentenberg ein höchst gefährliches Bauwerk sei. Am 1. Mai 1946 wurde der Bismarckturm, wie er allgemein genannt worden war, mit einem gewaltigen Aufwand an Sprengstoff in die Luft gejagt. Ein weiteres, direkt mit den Delbrücks verbundenes Heringsdorfer Symbol war damit vom Erdboden verschwunden.

Ausgerechnet ein Bismarck war es, der als Mitgestalter jenes Bauwerkes gelten muß, das Werner Delbrück im Jahre 1907 einweihen und den hochherrschaftlichen Gästen des Seebades zur gefälligen Nutzung übergeben konnte – denn die waren an so etwas gewöhnt. Die Rede ist von der Rennbahn im Walde. Zu den eifrigsten Propagandisten des Seebades Heringsdorf gehörte dessen ständiger Sommergast Prof. Ludwig Pietsch, von dem eine geradezu schwärmerische Beschreibung der Delbrückschen Rennbahn erhalten ist, deren Text im folgenden zumindest teilweise wiedergegeben werden soll. Für die heutigen Heringsdorf-Besucher sei gesagt, daß die Anlage im hügeligen Waldareal hinter dem ausgedehnten Gebäude-Ensemble des Maxim-Gorki-Gymnasiums begann und bis zum Gothensee reichte. Sicher wird der Besucher von heute die Lage der einzelnen von Professor Pietsch beschriebenen Gebäude, der technischen und gastronomischen Anlagen nicht mehr lokalisieren können, dennoch soll sein Bericht hier angefügt werden, um dem Spaziergänger deutlich zu machen, auf was für einem historischen Boden er sich bewegt.

Nun also der Text, wie ihn die Heringsdorfer Chronisten aufbewahrt haben: *„Die Bahn ... bildete südwestlich vom Zielgerüst eine große Schleife, nordwestlich davon eine bedeutend kleinere. In dem von ihr eingefaßten Innenraum der ersteren kreuzten sich zwei Abzweigungen der West- und der Ostseite. Die Hürden und die Jagdbahnen waren mit Hindernissen, d. h. mit zu überpringenden Hecken, reichlichst* *gespickt. Von der zierlich betürmten ersten und der nächstbenachbarten Satteltribüne senkte sich ein breiter Abhang, mit Rasen bedeckt, von der Höhe bis zur Barriere hinab. In der Hinterseite der Tribüne war das Büfett eingerichtet. Weiter zurück nach Osten lagen zwischen Rasenplätzen und Blumenbeeten alle Nebengebäude, der Musikpavillon, der Totalisator, die Waage, die Ställe verteilt; abseits weiter westlich war der Halteplatz für die Wagen und Autos. Auf der breiten Fahrstraße, die ununterbrochen durch den herrlichen Buchenwald führt, rollte ein Strom von Vehikeln aller Art hinaus zum Rennplatz: Tribünen, Logen und Bänke waren bald mit einer Menge, besonders von Damen, besetzt, deren Hutfedern, Bänder und Schleifen, deren Sommermäntel, Sportjacken, lange knopfreiche Schoßjacken und Röcke in allen zwischen weiß und schwarz liegenden Farben leuchteten. Auch der grüne Rasen des Abhanges war belebt, und vor dem Totalisator, vor dem Restaurant und auf dem 2. Platze wogte eine dichte Menge von Gewinnsüchtigen, von Kaffee, Bier, Bowle Verlangenden ..."*

Es muß nach dieser vielzitierten sachkundigen Beschreibung des Professors Pietsch wohl stets ein Fest gewesen sein, wenn Rennen auf dieser Bahn stattfanden – und an dem entsprechenden Publikum scheint es nicht gemangelt zu haben: Ein altes Foto zeigt das deutsche Kronprinzen-Paar, gefolgt von einer elegant gekleideten Menge, beim Besuch der Rennbahn – der Herr im knöchellangen Militärmantel, unter dem der Schleppsäbel hervorlugt, und

Madame in einem langen Mantel und gekrönt von einem sehr breiten runden und natürlich federgeschmückten Hut – vom Feinsten das Publikum, vom Feinsten die Pferde, die die vom Berliner Hindernisverein finanzierten dreitägigen Rennen bestritten – alles höchsten Ansprüchen angepaßt. Allerdings und leider galt dies auch für die Kosten: Allein die Anlage der Bahn hatte die damals gewaltige Summe von 160 000 Mark verschlungen, und die jährlichen Erhaltungskosten, die sich die Aktiengesellschaft Seebad Heringsdorf und der schon erwähnte Hindernisverein Berlin redlich teilten, beliefen sich auf 6000 Mark – wer sollte das bezahlen? An diesen Teil der pompösen Anlage muß Werner Delbrück wohl zu spät gedacht haben. Aber rigoros zog die Aktiengesellschaft ihre Konsequenzen: Nach einem kurzen und glänzenden Dasein hauchte die Rennbahn ihr Leben aus. Schon nach dem Ersten Weltkrieg war sie den Chronisten zufolge nur noch eine ferne Erinnerung. Was jedoch von ihr blieb, sind lange, schöne, ausgedehnte Spazierwege durch das Waldgebiet – ein Totalisator ist nirgends mehr zu finden.

Trotz aller Verluste: Die Bauten der Delbrück-Ära prägen noch heute das klassische Gesicht Heringsdorfs.

Emil Lindemann, Delbrücks häufiger Gefährte bei dessen Luftfahrt-Unternehmungen, gehörte in jener Zeit zu den reichsten Einwohnern des Ortes.

Im Jahre 1882 ließ er im Zentrum des Nobel-Bades ein Nobel-Hotel ausführen und nannte es „Lindemanns Grand Hotel Seeschloß", das sich als Haus der guten Gesellschaft anpries und mit Personen-Aufzug, Etagenbädern und bestempfohlener Wiener Küche als Luxusherberge galt. Ihr Ruf verbreitete sich rasch über die deutschen Länder, so daß die Boys und Pagen reichlich zu tun hatten, um Koffer und Kisten der zahlreichen vornehmen Gäste an den weißuniformierten und goldbetreßten Portiers vorbei in Hallen und Zimmer zu schleppen. Nach dem Zweiten Weltkrieg, der Auflösung des sowjetischen Sanatoriums und der Verstaatlichungs-"Aktion Rose" diente das einst so vornehme Hotel dem Feriendienst der DDR-Gewerkschaften als Erholungsheim für dessen ausländische Gäste und führte den daher symbolträchtigen Namen „Freundschaft". Den jedoch verlor es am 10. Mai 1960. Damals kam, begleitet vom FDGB-Vorsitzenden Warnke, der Generalsekretär der guinesischen Befreiungsorganisation UGTAN, Diallo Seydou, auf seiner DDR-Rundfahrt nach Heringsdorf, und Hans Warnke taufte aus diesem Anlaß das Haus auf den Namen einer guinesischen Freiheitskämpferin, die von französischen Legionären umgebracht worden war: Von diesem Tage an hieß es knapp dreißig Jahre lang „Camara M'Balia", eine Bezeichnung, die Einwohner und Gäste auf die einfache Kurzbezeichnung „Camara" reduzierten. Nach der Wende wurde das Lindemannsche Grand Hotel zuerst „Arkona" dann „Palais Royal" genannt – ob es im Laufe des letzten Jahrhunderts trotz des mehrfachen Besitzerwechsels ein Haus ersten Ranges geblieben ist, können nur seine Gäste beurteilen.

Am Heringsdorfer Strand · On

ch in Heringsdorf · Plaża w Heringsdorf

Jedoch waren mit diesem monumentalen Eigenbau Lindemanns Hotel-Aktivitäten in Heringsdorf keineswegs beendet: In jenem Jahr, als sein Ballon-Gefährte Delbrück vor Saßnitz den Tod fand, kaufte Lindemann das neben seinem Grand Hotel gelegene „Schloß Dorothea", ein Haus, das erst drei Jahre vor der Jahrhundertwende erbaut worden und nach seiner ursprünglichen Besitzerin Bertha Dorothea Mulach benannt worden war. Möglicherweise waren sie und Lindemann in schwierige Geldangelegenheiten verwickelt, denn es heißt, daß „Schloß Dorothea" zwangsweise an Lindemann veräußert werden mußte. Wie dem auch sei: Lindemann machte ein „Schloß Bruck" daraus und ehrte so seine Ehefrau, die in Bruck in Tirol geboren war. Der neue Name brachte dem neuen Besitzer kein Glück, der alte hätte es sicher auch nicht getan. Das „Schloß" trug ihm nichts ein außer zunehmende finanzielle Belastungen, die auch für Lindemanns Kassen zu hoch waren: Zwei Jahre, nachdem er es der Dame Mulach abgekauft hatte, veräußerte er es an ein jüdisches Ehepaar, das dem Haus den Namen „Hotel Esplanade" verlieh. Aber ebensowenig wie bei Lindemann verschaffte der neue Name den neuen Eigentümern Gewinn – ein Besitzer löste den anderen ab, und keiner wurde finanziell glücklich mit dem Haus. Dabei war es ein teures Etablissement: 30 bis 50 Reichsmark pro Nacht kosteten die Zimmer nach der Inflation – ein stolzer Preis für die damaligen Verhältnisse. Aber auch die wohlhabenden Gäste konnten die ständig wechselnden Eigentümer nicht auf den oft herbeigesehnten grünen

Zweig befördern. Immer mit finanziellen Belastungen versehen, schleppten seine Besitzer das Haus durch die Jahre und Jahrzehnte, bis es in der zweiten Hälfte des Zweiten Weltkrieges zum Lazarett und nach Kriegsende zum sowjetischen Erholungsheim wurde. Als die Besatzungsmacht ihr Heringsdorfer Sanatorium aufgab, wurde aus dem nunmehr namenlosen Hotel ein Ferienheim der Volkspolizei, das die Bezeichnung „Frieden" erhielt. Unter dieser übernahm es auch der FDGB-Feriendienst, der es jedoch zu einem Heim für seine ausländischen Gäste machte und ihm den italienischen Namen „Giuseppe di Vittorio" verlieh – die Leute nannten es „Vittorio". Nach der Wende von 1989 erhielt das repräsentative Haus einen seiner alten Namen zurück: Heute heißt es wieder „Hotel Esplanade".

In das Haus auf der gegenüberliegenden Straßenseite hatten die Lindemanns so viel Geld investiert, daß es den Namen „Lindemanns Hotel" führte, obwohl es eigentlich oder zumindest juristisch einem Hotelier Cyprian Hermann gehörte. Der galt und gilt den Heringsdorfer Chronisten als einer der verdienstvollen Männer der Gemeinde, Vorsitzender der örtlichen Feuerwehr ebenso wie der lokalen Gesellschaft zur Rettung Schiffbrüchiger, mehrfach stellvertretender Gemeindevorsteher und lange Jahre Mitglied des Kreistages und des Kreisausschusses von Usedom-Wollin – zweifellos ein engagierter Mann. Aber das Geld hatte Lindemann, und nach dem wurde das Haus benannt. Als das sowjetische Sanatorium aufgelöst wurde, übernahm die SED das Hotel, verlieh ihm zum

Gedenken an einen der berühmten aufständischen Matrosen von 1917 den Namen „Albin Köbis" und nutzte es mehrere Jahrzehnte lang als Erholungsheim für das Zentralkomitee der Partei. Nach der Wende glanzvoll und attraktiv um- und ausgebaut, erwartet es nun unter dem Namen „Pommerscher Hof" seine Gäste.

Zurück zum Ursprung: Mit diesem dreifachen Hotel-Besitz beherrschten zu Delbrücks Zeiten die Lindemanns das Zentrum des immer prächtiger werdenden Heringsdorfs. Nur dort, wo das Zentrum in die Kulmstraße übergeht, regierte ein anderer: Vierundachtzig Zimmer und Salons mit Privatbad und WC, das Haus selbst ausgestattet mit Lift, Restaurant, Seeterrasse und Bar, bot seit 1901 der Hotelier Werthmann in seinem Hause „Quisisana" an – ein prachtvolles Hotel in wahrhaftig allerbester Lage. Die Werthmann-Familie verlor es nach der Enteignungs-"Aktion Rose" 1953, und zusammen mit den beiden benachbarten Lindemannschen Besitzungen wurde es zum Ausländerheim des Feriendienstes unter dem Namen „Fortschritt". Später vom Feriendienst umbenannt, erhielt es den Namen eines Mannes, der in der DDR „Held der Arbeit" geworden war, weil er mit seinen Vorschlägen wesentlich zur Umgestaltung des Rechnungswesens in den volkseigenen Betrieben beigetragen hatte: Aus dem „Fortschritt" wurde „Gerhard Opitz" – aber auch das ist schon fast vergessene Geschichte. Nach 1989 änderten sich wie fast überall die Besitzverhältnisse und mit ihnen meist auch die Namen. Aus dem FDGB-Heim „Opitz" wurde das Hotel „See-Eck" – seinen alten lateinisch-italienischen Namen „Quisisana", was auf deutsch „hier wird man gesund" heißt, bekam es nicht zurück.

Es war zu Zeiten der Delbrücks, als der Walzerkönig Johann Strauß Heringsdorf besuchte. Er logierte in der Villa „Anna" in der Seestraße, einem Haus, das der Försters-Witwe Wildenhayn gehörte, die in ihren Räumen eine Sammlung wertvoller Porzellan-Gegenstände aus alten Schlössern aufbewahrte. In die Ära Delbrück fällt auch der Bau der nahegelegenen Apotheke gegenüber dem Lindemannschen „Esplanade", die schon 1888 von dem Swinemünder Apotheker Markwardt errichtet wurde. Auch die Post, die in dieser Straße ihr Domizil hat, wurde schon 1891 erbaut, allerdings als Privathaus des Herrn Karl Peyler, der es an die kaiserliche Reichspost vermietete. Fast zwanzig Jahre waren die Postillone hier zu Gast, bis ihre Oberherren das Haus 1910 käuflich erwarben und es nach Betriebs-Bedürfnissen und -Notwendigkeiten umbauen ließen. Damals erhielt das Heringsdorfer Postamt seine heutige Gestalt.

Im Unterschied zu den Nachbarbädern im Osten und Westen verfügte Heringsdorf von Anfang an nicht über eine von Hotels und Pensionen flankierte Promenadenzeile. Vielmehr wird die von Bansin bis zur Ahlbecker Grenzstraße reichende, oft sehr breite und mit weiträumigen gepflegten Parkanlagen ausgestattete Promenade landseitig fast ausschließlich von mehr oder minder großen Villen flankiert, die in weitläufigen Parks liegen. Sie können und sollen hier nicht alle beschrieben werden.

Nur wenige seien genannt: Fast niedergedrückt von den hohen Schlaftürmen des Kurhotels liegt unmittelbar daneben in östlicher Richtung eine der schönsten Villen der Insel Usedom. Ein Mosaik im dreieckig flachen griechischen Giebel schmückt das weiße, elegante Gebäude, das 1883 erbaut wurde und nacheinander dem Kommerzienrat Berthold, dem Bankier Bleichröder, dem Bankier Oechsler, dann nach 1937/38 verschiedenen Besitzern gehörte. Nach dem Zweiten Weltkrieg beherbergte die Villa jahrzehntelang die Heringsdorfer Maxim-Gorki-Bibliothek, die erst nach der Wende aus den wieder privatisierten Räumen auszog.

Nur durch eine schmale Straße von diesem architektonischen Kleinod getrennt, erhebt sich die Villa Staudt, über die schon an anderer Stelle als Aufenthaltsort des letzten deutschen Kaisers in Heringsdorf berichtet wurde. Ursprünglich Eigentum eines Herrn Eichstädt, wurde sie von der Familie Staudt erworben und vollständig umgebaut. Ihre heutige imponierende Gestalt erhielt sie schon um die Jahrhundertwende – als Wilhelm Zwo hier die früh verwitwete Elisabeth Staudt alljährlich zu besuchen pflegte, hatte sie schon ihr jetziges Aussehen. Seither blieb sie bis auf den heutigen Tag im Volksmund „die Kaiser-Villa".

Nebenan, in prächtigen Parks gelegen, schließen sich die neuen Häuser der Delbrücks und vor allem die Villa „Diana" des kaiserlichen Bankiers Bleichröder an – ein Haus neben dem anderen macht auf dieser parkähnlichen Promenadenstrecke in Richtung Ahlbeck den Begriff verständlich, der

Villa in Heringsdorf

Villa in Heringsdorf

Willa w Heringsdorf

Heringsdorf jahrzehntelang berechtigt und äußerst werbewirksam zugeordnet wurde: Nizza der Ostsee. In jener Zeit, als das vornehme Ostseebad sich diesen Ruf erwarb, erbaute die Familie des einheimischen Bäckermeisters Carl Haefke der Kirche gegenüber und neben der „Villa Delbrück" ein großes Logierhaus, in dem nicht einzelne Zimmer, sondern nur ganze Wohnungen, wenn möglich geschlossene Etagen vermietet wurden und das deshalb auch kapitalkräftiger Gäste bedurfte, die solchen Luxus bezahlen konnten. Russische Großfürsten mit ihren Familien gehörten schon in den ersten Jahren dazu, gefolgt von dem damals hochangesehenen Maler Kaulbach von der Münchener Kunstakademie – aber die Einnahmen aus solchen exquisiten Vermietungen haben wohl auch damals nicht den Aufwand und die Kosten gedeckt. Mehrmals wechselte das Haus den Besitzer, aber offenkundig ist keiner von ihnen des ständigen Defizits Herr geworden. Vierzig Jahre nach seinem Bau übernahm die christliche Kinderhilfe das Gebäude, mußte es aber ebenfalls drei Jahre später schon wieder veräußern. Besitzer wurde nun die Zentrale für Kriegsbeschädigte und Kriegshinterbliebene, die dem Gebäude auch den neuen Namen verlieh. Als „Haus Jugendland" diente es weiterhin der Erholung und dem kräftigenden Ostsee-Aufenthalt bedürftiger Großstadtkinder. Dieser Samariter-Funktion blieb es auch nach dem Zweiten Weltkrieg und bis auf den heutigen Tag verpflichtet: Als mit dem Verlust der einstigen Kreisstadt Swinemünde auch deren zahlreiche medizinische Einrichtungen für den deutschen Teil der Insel

Usedom verlorengingen, wurde das große Haus mit seinen vielen dafür bestens geeigneten Räumen zum Krankenhaus des gesamten bevölkerungsstarken Ostteils der Insel gemacht. Nebenan diente die einstige Villa Delbrück als poliklinische Einrichtung mit zahlreichen Arztpraxen. Daran hat sich bis heute nur insofern etwas geändert, als beide Häuser durch noch zu DDR-Zeiten begonnene großräumige Erweiterungsbauten, die erst 1996/97 vollendet wurden, zum beherrschenden medizinischen Zentrum der drei Bäder und des südlichen Hinterlandes der Insel werden mit dem neuen Namen Inselklinik. Das Haus trägt dann auch die richtige Bezeichnung. Das von Carl Haefkes einstigem Logierhaus und der Villa Delbrück ausgehende medizinische Areal wird sich nach endgültiger Fertigstellung von der Kirche bis in das westliche Seebad-Zentrum der Kulmstraße erstrecken.

Eine der wichtigsten Errungenschaften der Delbrück-Ära war die Anbindung des Seebades an das deutsche Eisenbahnnetz. Die Kreis- und Hafenstadt Swinemünde war bereits 1876 über Ducherow mit dem innerdeutschen Netz verbunden worden, die Strecke von dort aus entlang der Usedomer Küstenlinie ließ jedoch auf sich warten. Achtzehn Jahre dauerte es, bis die Schienenverbindung von Swinemünde nach Heringsdorf in Betrieb genommen werden und der erste Zug in den neuerbauten Bahnhof einlaufen konnte. Dies geschah am 1. Juli 1894, mitten in der Hochsaison und wahrscheinlich in höchst feierlicher Form: Denn von nun an konnten die kaiserlichen, königlichen und sonstigen Fürstlichkeiten, die Geheimen und die einfachen Kommerzienräte, die Bankiers und Diplomaten mit ihren Familienangehörigen, Kindermädchen, Köchen, Butlern und Dienern schnell und relativ bequem das Sommerdomizil an der Ostsee erreichen. Den Vorteil dieser schnellen Verbindung beabsichtigte die Reichsbahn auch für die Weiterführung der Strecke in Richtung Wolgast zu nutzen, als sich Anfang des Jahrhunderts im Küstenbereich immer mehr Dörfer in vielbesuchte Seebäder verwandelten. Natürlich wäre es am einfachsten gewesen, den Schienenstrang geradlinig in Richtung Westen weiterzuführen – solchen Absichten allerdings schob die Delbrücksche Aktiengesellschaft einen unüberwindlichen Verbots-Riegel vor: Schnaubende, schnaufende, Dampf und Rauch ablassende lärmende Eisenbahnzüge sollten nicht die Ruhe auf den vornehmen Tennisplätzen, im Bereich der Reit-, Renn- und Spazierwege des Waldes stören. Also wurde Heringsdorf zu einem mit weitläufigem Rangiernetz versehenen sogenannten Kopfbahnhof ausgebaut, an dem die Lokomotiven jeweils umgekoppelt werden und die Züge fast bis nach Ahlbeck zurück und um das waldbestandene Bergmassiv herumgezogen werden mußten – am 1. Juni 1911 geschah dies zum erstenmal: Die Eisenbahnstrecke Heringsdorf – Wolgaster Fähre war eröffnet und damit die Insel sozusagen rundherum mit der Bahn erreichbar – denn damals reiste man noch mit dem Zug: Der schier unaufhaltsame Siegeszug des Autos hatte gerade erst begonnen.

Ab 1934 donnerten dann die D-Züge aus München und Berlin über die nagelneue Eisenbahnhubbrücke in Karnin bei Usedom, das modernste technische Wunderwerk seiner Art, vergleichbar lediglich mit einer entsprechenden Brückenkonstruktion in Rotterdam. Diese Brücke machte es möglich, daß ein D-Zug, der in Berlin den Stettiner Bahnhof um 11.55 Uhr verließ, schon acht Minuten nach 15 Uhr in Heringsdorf einlaufen konnte – eine schnelle Verbindung, die heute nicht erreicht werden kann: Ende April 1945 nämlich wurden die Landverbindungsbögen der Brücke zu beiden Uferseiten von der Deutschen Wehrmacht gesprengt und in der Nachkriegszeit dann die nunmehr sinnlos gewordene Strecke abgebaut und das Schienenmaterial in die Sowjetunion verbracht. Nur das Hubwerk blieb unversehrt. Es wurde weiter sorgsam gepflegt und gewartet und bildet heute einen Besuchermagnet auch für die Gäste Heringsdorfs. Zugleich nährt es die Hoffnung, daß die alte schnelle Strecke wiederhergestellt wird. Wie dem auch sei: Der Bahnhof ist eines der wesentlichsten öffentlichen Gebäude aus der Ära Delbrück. Übrigens: Auf seinem musealen Abstellgleis erinnert ein schneeweißer D-Zug-Wagen aus dem Kaiser-Zug an die Besuche des Monarchen in diesem Seebad.

Bereits zu Hugo Delbrücks Zeiten war an der Westgrenze Heringsdorfs, tatsächlich wenige Meter vor Bansin, das Boots- und Gerätehaus der Deutschen Gesellschaft zur Rettung Schiffbrüchiger erbaut worden, damals eine der modernsten Stationen dieser Art an der deutschen Küste. Nachdem

1945 ein Teil der braunen Lokal-Prominenz das mit starken Motoren ausgerüstete große und schnelle Rettungsboot zur Flucht über die Ostsee entwendete, ist die Station nie wieder zu ihrer ursprünglichen Funktion zurückgekehrt. Das Rote Kreuz gestaltete sie noch zu DDR-Zeiten in ein Sommerferienlager um.

Exakt 11 Jahre nach dem Tod Werner Delbrücks, nämlich am 15. April 1921, als die Inflation viele Kapitalgesellschaften rasch und endgültig in den wirtschaftlichen Tod trieb, kaufte die Gemeinde Seebad Heringsdorf der Delbrückschen Aktiengesellschaft alle Badeeinrichtungen für 600 000 Mark ab und betrieb von nun an Kur- und Bäderwesen allein. Damit ging die Ära Delbrück zu Ende.

Unberührt vom Niedergang der Aktiengesellschaft setzte das „Nizza der Ostsee" seinen Höhenflug fort. Die Inflation war nur ein unbedeutender, kaum spürbarer Einbruch, der so schnell vorüberging, wie er gekommen war. Die kaiserlichen Gäste wurden nun von jenen aus der Hochfinanz abgelöst, die sich einen Aufenthalt in diesem Badeort leisten konnten – die deutsche Finanzwelt aber war in den Händen vornehmlich jüdischer Bankhäuser. Heringsdorf wurde im Sinne rassistischer Nationalisten zum „Judenbad" – so wurde es auch bezeichnet. Baulich war der Ort im wesentlichen fertig, als die Ära Delbrück zu Ende ging. Dennoch kamen auch jetzt Neubauten an Pensionen und Privat-Domizilen hinzu und auch manchmal erstaunliche Gäste. Einer von ihnen war Maxim Gorki. Er kam hierher seines

Lungenleidens wegen, denn inzwischen hatte das Seebad sich zu einem international renommierten Kurort entwickelt. Es gab, wenn es nach den Prospekten ging, eigentlich kein Leiden, das man in Heringsdorf nicht hätte erfolgreich behandeln können. So kam also auch Gorki hierher. Nach wie vor aber hält sich die Vermutung, Lenin habe den Dichter nicht ohne Absicht auf langjährige Kuren nach Mittel- und Südeuropa geschickt, um ihm das rigorose sowjetische Umbau-Erlebnis in Rußland zu ersparen. Jedenfalls traf Gorki im Sommer 1922 hier ein. Schon damals war er eine Persönlichkeit von internationalem Ruf: Seit zwei Jahrzehnten gehörte sein Drama „Nachtasyl" zum Standard-Repertoire aller großen Bühnen der Welt, und sein Roman „Die Mutter" war schon längst zum Bestseller im internationalen Buchhandel geworden. Die Familie des Rechtsanwalts Friedrich Becher stellte dem bekannten Russen als Sommerdomizil ihre Villa „Irmgard" im damaligen Langenbergweg 37 zur Verfügung, jener Straße, die parallel zur Strandpromenade den Westteil des Ortes mit Bansin verbindet und nach dem Zweiten Weltkrieg die Bezeichnung Maxim-Gorki-Straße bekam. Allerdings hielt Gorki sich nur ein paar Wochen hier auf und nahm am allgemeinen Badeleben so gut wie keinen Anteil. Am liebsten, heißt es, wanderte er, in einen langen Mantel gehüllt und einen schwarzen Schlapphut auf dem Kopf, an der Küste entlang oder durch die Wälder zum Langenberg nach Bansin. In den Bars, Restaurants oder gar im Spielcasino von Heringsdorf bekam man ihn nicht zu

Villa Irmgard in Heringsdorf

The "Villa Irmgard" in Heringsdorf

Willa Irmgard w Heringsdorf

Gesicht. In der Villa „Irmgard" traf er gelegentlich mit Freunden oder berühmten Landsleuten zusammen. Auch der Gesangsstar des Bolschoi-Theaters, der Bassist Fjodor Schaljapin, der sich zu jener Zeit gerade in Stettin aufhielt, versäumte es nicht, Gorki in der Villa „Irmgard" zu besuchen. Als der Dichter das Haus verließ, um zuerst in den Schwarzwald und dann nach Sorrent zu reisen, trug er sich in das Bechersche Gästebuch mit einem Satz ein, der um die Welt ging und dessen prophetische Hoffnung sich bis heute nicht erfüllte: „Dennoch und trotz alledem werden die Menschen eines Tages wie Brüder miteinander leben." Elf Jahre nach dieser Niederschrift, die noch heute in dem Museum Villa „Irmgard" im Original betrachtet werden kann, war es in Deutschland mit aller Brüderlichkeit vorbei. Doch das ist ein anderes Kapitel.

Gorki war beileibe nicht der erste prominente Kultur-Vertreter in Heringsdorf. Von Anfang an und bereits im vorigen Jahrhundert gehörten Künstler und Schriftsteller zu den Besuchern des Kaiserbades. Theodor Fontane war darunter und der Maler Anton von Werner, Kurt Tucholsky ebenso wie der Intendant Jentzsch, der in Berlin das Metropol-Theater leitete. Es kamen nur wohlhabende Künstler hierher. Geldleute eben, egal ob Wissenschaftler, Schauspieler, Schriftsteller, Maler, Bankiers, Fabrikanten ...

Die durften dann auch noch miterleben, daß und wie im Jahre 1927 in vierhundert Metern Tiefe eine Sole-Quelle erbohrt wurde, die den Ort sofort in die internationale Liste der

Sol- und Heilbäder aufsteigen ließ. Denn es waren immerhin 6000 Liter Sole pro Stunde, die aus diesem profitablen Brunnen in Bäder und Becher sprudelten. Und bei der Sole blieb es nicht: Heringsdorf bot neben Fichtennadel- und Schwefelbädern auch seine berühmten Moorbäder an. Letztere sollten aus dem „heilkräftigen Heringsdorfer Moor" bereitet sein – Gott mag wissen, wo das lag, vielleicht holten sie alles aus dem Thurbruch!

Wie dem auch sei: Das einstige Kaiserbad war ein Nobelbad erster Klasse geblieben und auch seine Gäste-Struktur – von Kaisern und Königen abgesehen – hatte sich erhalten. Die allerdings und manches andere änderte sich schnell und rigoros, als die Nazis an die Regierung kamen: Ohne Federlesen wurde Walter Haefke, sozialdemokratischer Bürgermeister des Kaiserbades und Sproß jener alten, schon mehrfach zitierten Gründerfamilie, seines Postens enthoben. Hotel- und Pensionsbesitzer wurden veranlaßt, keine jüdischen Gäste mehr aufzunehmen, und manche Einwohner gelangten rasch in den Besitz jener jüdischen Villen, in denen sie vorher als Angestellte gearbeitet hatten. Aber auch die Geschäftswelt des Ortes unterlag einer „arischen" Verwandlung: In der heutigen Friedenstraße 10 z. B. betrieb die jüdische Familie Alweis ein ebenso großes wie angesehenes Lebensmittelgeschäft. Bevor ihnen etwas passieren konnte, flohen die Inhaber rechtzeitig nach Amerika. Das taten die Gebrüder Saulmann leider nicht: Sie besaßen im Zentrum des Ortes ein großes Modekaufhaus (heute Friedenstraße 17) fühlten sich sicher und vertrauten darauf, daß ihr tatkräftiger Einsatz im Ersten Weltkrieg sie vor allen Repressalien schützen würde. Tatsächlich schien es anfangs, als würden sie recht behalten – 1938 jedoch war der illusionäre Traum zu Ende: Die Saulmanns wurden abgeholt und ins Warschauer Ghetto verschleppt – sie kehrten niemals nach Heringsdorf zurück. Ihr Geschäft jedoch verwandelte sich von einem Tag zum anderen in das „deutsche Kaufhaus Trautmann" – aber auch das ist schon ferne Geschichte.

Die Tatsache, daß jüdische Besitzer ihr Eigentum verloren und daß jüdische Gäste nicht mehr in den Kurlisten erschienen, hat dem edlen Kaiserbad seinen Glanz und Ruhm nicht rauben können. Äußerlich blieb alles wie gehabt. Obwohl die neuen Herren demonstrativ auch die Hotel- und Pensionspreise in Heringsdorf herabsetzten, blieben reiche und wohlhabende Bevölkerungsschichten die dominierenden Gäste des Ortes. Offiziell haben die Nazis in Heringsdorf nicht viel gebaut – der Anfang aber war imponierend:

Hinter der alten Rennbahn befindet sich im Waldgebiet ein ziemlich tiefer, weitausladender Talkessel, der schon 1934 zu einer Freilichtbühne ausgebaut wurde. Diese erhielt natürlich die germanische Bezeichnung „Thingstätte", obwohl hier niemals wie bei den Germanen irgendetwas öffentlich verhandelt werden sollte. Auf der Talsohle befand sich eine Art Bühnenfläche vor gewaltigen dunkelbraunen Holzpylonen, von denen zu gegebenen Anlässen riesige Hakenkreuzbanner herabhingen. Für solche Anlässe war die Thingstätte ja auch gebaut worden: Schon die Einweihungsfeier bestand aus einem monumentalen Aufmarsch nazistischer Körperschaften, das Kleistsche Drama „Der Prinz von Homburg" diente als Dekor. Tausende Menschen, die wie in einem römischen Amphitheater die Sitzreihen des Talkessels füllten, waren auch in den nächsten Jahren dort versammelt, wenn Paradeveranstaltungen von Partei- und Jugendorganisationen, Sonnenwendrituale und Maifeiern abgehalten wurden. Auch nach dem Zweiten Weltkrieg diente die Anlage noch für Großveranstaltungen zum 1. Mai, aber schon zu Beginn der 50er Jahre wurde diese gesellschaftliche Praxis aufgegeben und die Thingstätte dem Verfall überlassen – was von ihr blieb, ist das, was auch vor ihrer Entstehung schon da war: ein Talkessel im Wald.

Nachdem die Nazis den Zweiten Weltkrieg vom Zaun gebrochen hatten, fand auch in Heringsdorf der vornehme Badebetrieb sein rasches Ende und wurde abgelöst von der Kinderlandverschickung (KLV), in deren Rahmen Kinder und Jugendliche aus den von ständigen Bombenangriffen bedrohten oder heimgesuchten Großstädten mit ihren Schulen an die Ostsee umgesiedelt wurden. Nach dem Bombenangriff auf Wernher von Brauns Raketenversuchsanstalt Peenemünde kamen deren Techniker und Mitarbeiter dazu, nach der Zerstörung Swinemündes durch den Luftangriff vom 12. März 1945 auch Flüchtlinge aus der einstigen Kreisstadt, später aus dem ganzen östlichen Raum. Damit ging der Krieg und die Geschichte vom Kaiserbad zu Ende.

Die kampflose Übergabe an die Rote Armee ersparte dem Ort jede Zerstörung. Das einstige Kaiserbad wuchs in altem Glanz in die neue Zeit hinein, die vom Kaiser nichts mehr wissen und hören wollte. Nach der kurzen sowjetischen Sanatoriums-Zeit übernahm zu Beginn der 50er Jahre der Feriendienst der Gewerkschaften den Ort. Über dessen Tätigkeit ist anläßlich der „Häuser-Geschichte" schon berichtet worden. Seine soziale Leistung war zweifellos anerkennenswert: Niemals vorher hatten in den Prachtbauten von Heringsdorf so „einfache" Menschen gewohnt wie jetzt. Allerdings: Die „Kaiservilla" blieb dem neuen „Kaiser" und wurde Erholungsort des Staatsrates. Das Zentralkomitee der SED erwählte für seine Urlauber das nunmehr „Albin Köbis" genannte Hotel des Cyprian Hermann, und das Ministerium für Staatssicherheit ließ einen Bau ausführen, der inzwischen abgerissen und neu errichtet wird und den Namen „Villa Oppenheim" führt. Neben dem einstigen „Soli"-Komplex erbaute der Feriendienst an der östlichen Promenade das große Ferienheim „Erich Weinert", das in den neunziger Jahren dem totalen Verfall anheimfiel. Die Gemeinde errichtete auf Drängen und Initiative der zahlreichen auf der Insel Usedom ansässigen bildenden Künstler 1973 den Kunstpavillon, der seither alljährlich zu zahlreichen Kunstausstellungen und Kunstgesprächen genutzt wird. In der Maxim-Gorki-Straße begann der Energiebau Dresden mit der Errichtung eines eigenen Betriebsferienheims, das erst nach der Wende 1989, nunmehr privatisiert, als Hotel „Coralle" vollendet wurde. Von

*Hotelkomplex am Strand
von Heringsdorf*

*Hotel complex on the beach
in Heringsdorf*

*Komplex hotelowy na plaży
w Heringsdorf*

Der Kunstpavillon in Heringsdorf

The "Kunstpavillon" (arts pavillon) in Heringsdorf

Pawilon Artystyczny w Heringsdorf

entscheidender Bedeutung für die kulturelle Entwicklung wurde die Einrichtung der Villa „Irmgard" in der Maxim-Gorki-Straße. Anfangs von der sowjetischen Besatzungsmacht gleich nach dem Krieg angeregt, wurde das Haus später von der Greifswalder Universität und dann von der Gemeinde Heringsdorf selbst betreut, verwaltet und mehr und mehr zu einem geistigen Zentrum aller drei Seebäder entwickelt. Mit eigenen Ausstellungen, Vortragsreihen, literarischen und musikalischen Veranstaltungen ist es seit Jahren zur multikulturellen Begegnungsstätte geworden. Nach der Wende von 1989 und besonders nach der Herstellung der deutschen Einheit 1990 hat sich die Bautätigkeit im Seebad beträchtlich verstärkt: Im Ortsteil Neuhof entstand ein Wohngebiet, an der Maxim-Gorki-Straße mit dem sogenannten Strandpark ein ebenso neues Erholungszentrum mit Pensions- und Ferienhäusern, und im Zentrum des Ortes selbst wachsen mit zahlreichen Um-, Aus- und Neubauten weitere Gästehäuser, Hotels und Pensionen empor. Am äußersten östlichen Ende aber, im Bereich des Ortseingangs Ahlbeck, konnte 1996 mit der „Ostseetherme" das erste ganzjährig nutzbare „Erlebnisbad" in Mecklenburg-Vorpommern, Bade-Landschaft und Kurmittelhaus, für die drei Kaiserbäder in Betrieb genommen werden, die deren Saison über die klassischen Sommermonate hinaus verlängern und sie zu „Seeheilbädern" macht. Dies Gemeinschaftswerk der „kaiserlichen 3" ist wie der Bau der neuen Hotels und Pensionen eine Investition in die Zukunft. Die wird zeigen, wie sie genutzt und besucht werden und in welchem

Maße auch für heute und vor allem für morgen gelten kann, was Dr. Erich Hartwig, der 1905 als Pfarrer nach Heringsdorf kam und später zu seinem eifrigen Ortschronisten wurde, schon in den zwanziger Jahren in einem Werbeprospekt formulierte: „Heringsdorf! Ein weltbekannter Name …, in Wahrheit ein Gedicht!"

BANSIN

Bansin, du schönes Ostseebad
Am tiefen, blauen Meer,
Bansin, wer dich gesehen hat,
Vergißt dich nimmermehr!
Wenn heiß die goldne Sonne brennt,
Bist stets du wieder neu.
Es schwört ein jeder, der dich kennt:
Bansin, dir bleib ich treu!

Blick von der Seebrü...

Bansin · View from the pier in Bansin · Widok z mostu morskiego w Bansin

Im Unterschied zu den mehrstrophigen Hymnen auf die Nachbarorte Ahlbeck und Heringsdorf hat der Dichter und Komponist des Bansin-Gesanges, Erwin Pollini, sein Lob-Lied auf Bansin kurz gehalten – große Historien waren auch nicht zu berücksichtigen: Wahrscheinlich stammt diese lyrische Verlautbarung aus den dreißiger Jahren – zu diesem Zeitpunkt war das Seebad knapp vierzig Jahre alt. Als der Kaiser seine Nordlandfahrten unternahm, das königliche mit dem adligen Ahlbeck vereinigt wurde und die Delbrücks in Heringsdorf die Regierung übernahmen, war an ein Seebad Bansin noch gar nicht zu denken.

Der eingangs zitierte Kommunalpolitiker, der den Nach-Wende-Begriff „Kaiserbäder" erfand, meinte denn auch, in dieser speziellen Hinsicht fiele Bansin wohl etwas aus dem Begriffsrahmen. Dem aber ist trotz der Jugend dieses Seebades durchaus nicht so.

In jener Zeit, in der die preußische Königsfamilie noch gar nicht an ein Kaiserreich dachte, sich jedoch schon zu den jährlichen Sommerfrischen in Heringsdorf aufhielt, besuchte die damalige Kronprinzessin und spätere deutsche Kaiserin Victoria ein Waldareal zwischen dem alten Fischerdorf Sellin, (Alt-)Sallenthin und dem historisch bedeutsamen Kirchdorf Benz. Schon damals gehörte dieses Gebiet zum Einzugsgebiet des zu jener Zeit 600 Jahre alten Fischer- und Bauerndorfs am Gothensee, das Jahrhunderte zuvor den wendischen Namen Banzino getragen hatte und inzwischen längst Bansin hieß. Das eingangs erwähnte Dorf (Alt-)Sallenthin ist wie das seitab am

Schmollensee gelegene Sellin, das zwischen den beiden Krebsseen liegende Neu-Sallenthin und das schon erwähnte einstige wendische Urdorf Bansin (Banzino) seit einem halben Jahrhundert Ortsteil des großen Seebades an der Ostsee, dessen Gründer und Ureinwohner Ende des vergangenen Jahrhunderts aus eben diesen Dörfern kamen.

Darauf werden die historischen Betrachtungen im folgenden noch eingehen. Zuerst und vorweg jedoch die „kaiserliche" Geschichte, die sich in jener Bansiner Gegend zu einer Zeit abspielte, als die preußischen Herrscher noch Könige waren.

Rechts der Verbindungsstraße zwischen (Alt-)Sallenthin und Benz, ein paar hundert Meter von der Fahrbahn entfernt, erhebt sich mitten im Wald ein erstaunlich steil aufragender Hügel, der in allen einschlägigen Karten als Victoriahöh' verzeichnet ist und damit an den Besuch der preußischen Kronprinzessin erinnert. Der interessierte Wanderer wird auf der Kuppe des Hügels einen Gedenkstein finden, von dessen Frontseite mindestens zwei Jahrzehnte lang eine dort eingelassene Metallplatte verschwunden und verschollen war, die sich infolge entsprechender heimatkundlicher Veröffentlichungen erst 1995 wieder angefunden und inzwischen ihren ursprünglichen Platz wieder eingenommen hat. Die hohe Tanne jedoch, die unmittelbar hinter dem Gedenkstein von der Namensträgerin dieses Hügels gepflanzt worden und deren mächtiger Stamm auf einem Foto aus dem Jahre 1976 noch deutlich zu erkennen ist, existiert nicht mehr.

Rund um den Gedenkstein stehen heute Buchen und Eichen als Ergebnis einer Aufforstung, deren Beginn sicher hundert bis hundertzwanzig Jahre zurückliegt. Zu jener Zeit aber, als die hochstehende Dame die Tanne pflanzte und damit den Anlaß sowohl für die Namensgebung des Hügels als auch für den Gedenkstein schuf, mag diese Erhebung sich noch durchaus baumlos und einen weiten Blick über den Land und die Seen gestattend, aus dem sonst eher flachen Areal erhoben haben. Hierher mag die Baumpflanzerin per Kutsche und umgeben von Berliner Hofdamen sowie den entsprechenden Herren und möglicherweise den hiesigen, ebenfalls hochgestellten Vertretern der Lokalbehörden und der königlichen Forstverwaltung gekommen sein, um eben jene Tanne in den Boden zu setzen. Sie ist, wie gesagt, im Unterschied zu der lange verschollenen Metalltafel nicht mehr vorhanden; die aber konnte kürzlich wieder in dem Denkmalsstein eingearbeitet werden und gibt Auskunft über den Grund des hohen Besuches auf dieser Höhe.

Auf der Tafel steht folgender Text:

Zur Erinnerung an die Schlacht
bei KOENIGSGRAETZ am 3. Juli 1866
gepflanzt am 17. Juli 1866 von
VICTORIA Kronprinzessin

Nun also – endlich! – zum Hintergrund dieses Vorganges: Der Urpreuße Otto von Bismarck erklärte den Deutschen Bund am 14. Juni 1866 für aufgelöst. Dies konnte sich die Weltmacht Österreich, die den Bund dominierte, nicht bieten lassen und rüstete zum Kriege. Ein Anlaß war schnell gefunden. Österreich zog – seine Verbündeten eingerechnet – mit drei Heeren von rund einer halben Million Mann in den Krieg. Preußen bot mit seinen Bündnispartnern vier Armeen von insgesamt 300 000 Mann auf. Die II. Preußische Armee wurde befehligt von Kronprinz Friedrich Wilhelm. Diese Armee entschied am Nachmittag des 3. Juli 1866 durch ihr entschiedenes Eingreifen die Schlacht bei Königgrätz. Flucht und Auflösung vernichteten die Reste des österreichischen Heeres. Der Sieger von Königgrätz war zweifellos Preußens Kronprinz Friedrich Wilhelm. Dieser wiederum war seit dem 25. Janur 1858 verheiratet mit Victoria, der ältesten Tochter der legendären britischen Königin Victoria, die ab 1877 in Personalunion auch als Kaiserin von Indien galt. Wahrscheinlich hielt sich Princess Victoria ohne ihren an der Front agierenden Mann zum üblichen Sommerbesuch in Heringsdorf oder Swinemünde auf und unternahm von dort aus jenen Ausflug, der sie nach der Entscheidungsschlacht von Königgrätz auf den Hügel zwischen (Alt-)Sallenthin und Benz führen und zum Ruhme Preußens jene nicht mehr vorhandene Tanne pflanzen und den Gedenkstein errichten lassen sollte. Von Bülows „Weißem Schloß" in Heringsdorf war es ja kein weiter Weg hierher.

Die historische Aufschrift auf der Platte enthält einen Fehler und eine Richtigstellung: Das heutige Hradec Králové hieß

damals in deutscher Sprachform Königgrätz und nicht Königsgrätz, und die preußische Kronprinzessin schrieb sich ihrer englischen Herkunft entsprechend Victoria und nicht Viktoria.
Ihr Mann Friedrich Wilhelm, der sich als preußischer König und zweiter Deutscher Kaiser nur Friedrich III. nannte, übernahm am 9. März 1888 die Regierung in Preußen und Deutschland und herrschte nur 99 Tage. Er starb am 15. Juni an Kehlkopfkrebs und wurde in Sanssouci beigesetzt. Seine Frau Victoria überlebte ihn um dreizehn Jahre und starb am 5. August 1901 auf Schloß Friedrichshof bei Kronberg. Sie war, noch als Kronprinzessin, die (spätere) erste deutsche Kaiserin auf Bansiner Territorium. Gut vierzig Jahre zuvor hatten die Hohenzollern Heringsdorf zum Sommerdomizil erwählt, und ein halbes Jahrhundert später stiftete Wilhelm Zwo das auch heute noch großartige Kinderheim in Ahlbeck. In dieser Zeit war die ebenfalls Viktoria getaufte Schwester des Kaisers Badegast in dem funkelnagelneuen Bansin, und selbst 1916, mitten im Ersten Weltkrieg, flanierte Prinz Heinrich, Bruder Seiner Kaiserlichen Majestät, über die Bansiner Promenade – eine der großen Strandvillen wurde sogar nach ihm benannt.
Das preußisch-deutsche Herrscherhaus war in allen drei Seebädern im Osten der Insel Usedom anwesend, und gut 70 Jahre, nachdem die Hohenzollern, dem damaligen Volkswillen entsprechend, Krone und Reich verloren hatten, erfanden die Republikaner von heute für jene Badeorte, die lange Zeit als „die drei Schwestern" bezeichnet wurden,

den werbewirksamen Ausdruck „Kaiserbäder" – lang', lang' war's her.

Damit sollen die Begriffsklärungen und -erklärungen endlich abgeschlossen, und es soll dem geneigten Leser nunmehr, wie bei den anderen beiden Orten, ein historischer Bericht über Entstehung und Entwicklung des Seebades Bansin geliefert werden. Es ist, wie gesagt, das jüngste der „kaiserlichen 3", seinen Namen allerdings hat es von einem der ältesten Siedlungsorte im Ostteil der Insel. Das Seebad war 1997 100 Jahre alt, das Dorf, dem es seinen Namen verdankt, hat gut 700 Jahre auf dem Buckel.

Seine erste urkundliche Erwähnung datiert aus dem Jahre 1256. Wir wissen nicht, was Banzino damals war, ein Dorf, eine winzig kleine Siedlung, vielleicht nur eine Hüttenansammlung? Es befand sich jedenfalls am Gothensee und gehörte einer Witwe namens Gerburg Ramel, die es in eben diesem Jahr bei den Mönchen des Klosters Grobe nahe der Stadt Usedom gegen den in dieser Gegend liegenden Ort Ravena eintauschte. Auch von dem wissen wir nicht, was und wo er war und weshalb Gerburg Ramel ihn haben wollte. Ihr Tauschobjekt Banzino muß auf jeden Fall mehr wert gewesen sein, denn die Mönche zahlten der Verkäuferin noch eine Summe baren Geldes dazu. Gut 50 Jahre später verlegten die Prämonstratenser 1307 ihren Sitz von Grobe nach Pudagla und errichteten hier ein Kloster, das bis zur Reformation große Teile der Insel Usedom sein eigen nannte und erheblichen Einfluß besaß.

Ein anderes, weltliches Machtzentrum stellten schon zu jener Zeit die Vögte dar, die im Namen des pommerschen Herzogshauses die hiesigen Territorien regierten. Mit einem von ihnen, Hans von Neuenkirchen, gerieten die Pudaglaer Mönche zu Beginn des 15. Jahrhunderts in heftige Auseinandersetzungen um die Grenzen jenes Ortes, der zu dieser Zeit schon in deutscher Sprachform Bansin genannt wurde. Zwar war der Adel nicht ohnmächtig, aber meist ungebildet, und so gelang es auch in diesem Falle den schriftkundigen und schriftgewandten Klosterbrüdern, sich gegen die Ansprüche des Herrn von Neuenkirchen durchzusetzen.

Bereits im Jahre 1434, als der erwähnte Grenzstreit schon siebzehn Jahre zurücklag, wurde für die Klosterbesitzung Bansin ein eigener Ortsschulze vermeldet, der immerhin als Mitglied des Schulzengerichts in dem zentralen Inselort Katschow wirkte und den Namen Johann Labahn führte. Von damals bis in die Gegenwart haben die Labahns in Bansin stets eine gewisse Rolle gespielt, selbst der Name des Seebades wird in einigen Lokal-Geschichten auf diese große Sippe zurückgeführt. So soll das Gebiet, auf dem sich heute das Seebad befindet, angeblich einem reichen Bauern Labahn gehört haben, und jedem Fremden, der sich nach dem Besitzer dieses schönen Stück Landes an der Ostseeküste erkundigt habe, sei die Antwort zuteil geworden: „Dat's Labahn sin." Jedoch habe es die typische chronische pommersche Redefaulheit mit sich gebracht, daß unsere Vorfahren diese Auskunft noch um eine Silbe verkürzt hätten, so daß sie nur noch

„Dat's ‚bahn sin" gelautet hätte, womit der Name des Ortes hinreichend erklärt wäre.

Unbestreitbar gehörte nach den Aufzeichnungen der Chronisten auch ein „Eigentümer J. Labahn" zu den späteren Erbauern und Begründern des Seebades Bansin, und insofern mag die o. a. Geschichte schon ihren historischen Hintergrund haben. Ob jedoch die Gegend, von der darin die Rede ist, tatsächlich als „schönes Stück Land" empfunden werden konnte, muß bezweifelt werden. Es gibt nur wenige Aufzeichnungen von damals über jenes Territorium, auf dem später der Badeort Bansin entstehen sollte. In denen allerdings heißt das Gebiet nicht „schönes Stück Land", sondern „unwirtliche Gegend", die nach dem See, der sie in östlicher Richtung nach Heringsdorf zu begrenzte, nur „die Schloon" genannt wurde.

Zum größten Teil war das Gelände von Dorngengestrüpp, Haselsträuchern und den am Meer üblichen Krüppelkiefern bewachsen. Wiesen und Äcker nahmen nur einen kleinen Teil ein. Im See tränkten die Bauern ihr Vieh, auf den Wiesen weideten sie ihre Schafe. Das heutige Zentrum des Ortes im Bereich des Hotels „Zur Post" war vor mehr als hundert Jahren eine ertragreiche Lehmgrube, aus der die Bauern das Grundmaterial zum Ziegelbrennen schöpften. Rundherum wuchs der Wald in solcher Dichte, daß vor allem der Rothirsch sich darin aufhielt und vermehrte. Dieser Wildbesatz soll in solchem Maße gestiegen sein, daß die Bauern um ihre Staaten und Ernten fürchten mußten und deshalb dort, wo in der heutigen Waldstraße das Haus „Fichtenhain" liegt, eine Jagdhütte erbauten, um das „rote Wild" in Schach zu halten. Das wird ihnen wohl relativ rasch und gründlich gelungen sein, denn in späteren Jahren hört man nichts mehr von solchen Jagdeinrichtungen. Wovon man allerdings hört, ist die Schwärmerei von dem wunderschönen aus Buchen und Kiefern bestehenden Hochwald auf und hinter dem Dünengelände, das sich an den schneeweißen und steinfreien Sandstrand anschloß.

Es mag sowohl die Ruhe als auch die Schönheit dieser Landschaft gewesen sein, die immer wieder Gäste und Besucher aus dem benachbarten Heringsdorf zu Ausflügen und Spaziergängen in diese Gegend führten. Mag sein, daß Emil Wichmann zu dieser letztgenannten Kategorie noch nicht gerechnet werden konnte, auf jeden Fall jedoch war der wohlhabende Hühneraugenoperateur aus Berlin seines großstädtischen Lebens müde und vermögend genug, um einem Fischer Frank dessen kleines Holzhaus abzukaufen, das der Fischer selbst schon jahrelang hatte leerstehen lassen – vielleicht war für solchen Kauf ein großes Vermögen auch gar nicht erforderlich. Wie dem auch sei: Emil Wichmann machte aus der halbverfallenen Hütte ein schmuckes Ferienhaus. Rundherum legte er einen Garten an, für den er sogar eine Bewässerungsanlage bauen ließ. Als alles zu seiner Zufriedenheit fertiggestellt war, verbrachte der neue Besitzer fast das ganze Jahr in seinem einsamen Bansiner Domizil. Es ist das älteste Haus auf

Liebes Herr Riemann,

dies für die Vorbereitung
für d. Einspielfilm "Usedom".
Nach Gebrauch bitte an
Redaktion zurück.

Mit freundlichen Grüßen

i.A. G. Pelzer

NDR
NORDDEUTSCHER RUNDFUNK

FERNSEHEN
PROGRAMMBEREICH KULTUR,
DOKUMENTATIONEN

Gazellenkamp 57
22504 Hamburg
Telefon 040/41 56-52 96/4490
Telefax 040/41 56-74 16

4769

dem Territorium von Seebad Bansin und existiert – noch immer in Holzverkleidung – bis auf den heutigen Tag (Seestraße 63).

1920 verkauften die Wichmanns ihren Bansiner Landsitz an den berühmten deutschen Astronomen Friedrich Simon Archenhold, von dem an anderer Stelle noch berichtet wird. Archenhold gehört zur Ortsgeschichte des Seebades und machte es wie sein Vorgänger: Er ließ keinen Sommer verstreichen, den er nicht auf seinem Anwesen in Bansin verbracht hätte. Aber zu jener Zeit, als der Direktor der Sternwarte in Berlin-Treptow das Haus in Bansin erwarb, war der Ort schon lange Zeit ein bekanntes und beliebtes Seebad, das seine Existenz nicht nur seines hölzernen Sommerhauses wegen der Initiative des Berliners Emil Wichmann verdankt. Der nämlich war es, der mit hilfreicher und beredsamer Unterstützung des im Dorf Sallenthin lebenden Schriftstellers Ernst Necker die Bauern des sechshundertjährigen Dorfes Bansin am Gothensee davon zu überzeugen versuchte, am kilometerentfernten Ostseestrand die damals üblichen hölzernen Badeanstalten zu errichten. Aber es waren pommersche Bauern, die von solchem „niemod'schen Kram" nichts hielten und wohl auch nichts wissen wollten. Deshalb nimmt es nicht wunder, daß der Berliner Wichmann und der Einheimische Necker nur wenige einsichtige und verständnisvolle Partner unter den Leuten aus dem Dorf fanden: Aber immerhin gewannen sie einige, darunter den örtlichen Gastwirt und merkwürdigerweise den Dorfschullehrer.

Ganz gewiß war Necker der führende Kopf dieser kleinen Gemeinschaft, die kaum, als sie gegründet war, ihre erste herbe Überraschung erlebte: Die schon seit Jahrzehnten in Heringsdorf agierende Delbrücksche Aktiengesellschaft hatte bereits frühzeitig erhebliche Teile des Strandgebietes für den auch damals lächerlichen Preis von 10 Reichspfennig pro Quadratmeter aufgekauft. Eile war also geboten, zumal die Neckersche Gemeinschaft auch Kenntnis davon erlangte, daß die Delbrücks sogar fertige Pläne für den Bau aller erforderlichen Badeeinrichtungen an diesem herrlichen Strandabschnitt in der Schublade hatten. Hier durfte nicht mehr gezögert werden. Schnelles Handeln war überlebenswichtig. Die eilig beantragte und von der zuständigen Hafenbauinspektion Swinemünde auch rasch gewährte Genehmigung zur Errichtung von Badeanstalten wurde augenblicklich in die Tat umgesetzt: Unter Leitung des Zimmermeisters Grünberg, dessen Nachfahren noch heute in Bansin Holzhandel betreiben, wurden umgehend zwei relativ kleine Badehäuser am Strand erbaut, die über jeweils sechs „Zellen" genannte Umkleidekabinen verfügten.

Es waren Gäste aus dem benachbarten Heringsdorf, die als erste diesen neuen Badeplatz nutzten: Zu jener Zeit verkehrte der Kaiser noch alljährlich in der Villa Staudt, und entsprechend vornehm und mondän waren die Besucher der Bansiner Badeeinrichtungen. Viel wichtiger aber war für die Gründergemeinschaft die Menge der Gäste, die den Entschluß der Mitglieder herbeiführte, an dieser

Stelle Hotels und Pensionen auf und hinter dem Dünengelände zu errichten. Auch in diesem Falle war rasches Handeln vonnöten, denn die Delbrücksche Aktiengesellschaft, die einen beträchtlichen Teil des Geländes für nicht mehr als 3000 Taler in ihren Besitz gebracht hatte, erkannte natürlich ihre Chance und verkaufte das begehrte Land, aufgeteilt in entsprechende Parzellen, nun für vielfach aufgestockte Summen an meistbietende Interessenten weiter.

Allerdings war auch die Bansiner Gründergemeinschaft größer und reicher geworden: Der Berliner Handschuhfabrikant Ahlemann brachte sein nicht unerhebliches Kapital ein, der Zahnarzt Lustig und weitere neue Mitglieder aus nah und fern.

Tatsächlich setzte die Gemeinschaft noch im gleichen Jahr ihren Entschluß in die Tat um: In unmittelbarer Ufernähe erbaute der frühere Maschinenmeister Heinrich Wille als erster ein Hotel und gab ihm den treffenden Namen „Meeresstrand". Man schrieb das Jahr 1886 – der letzte Krieg lag ein Vierteljahrhundert zurück, an einen neuen dachte niemand, das deutsche Kaiserreich war ein sozusagen blühendes Staatswesen, und Kapital war reichlich vorhanden.

Heinrich Wille blieb nicht der einzige Bauherr. Gemeinschaftsgründer Necker baute in direkter Nachbarschaft von Wille das „Strandhaus", Handschuhfabrikant Ahlemann errichtete landeinwärts, am zentralen Zufahrtsweg liegend, die Villa „Daheim" (Seestraße 9), und Malermeister Vahl, erster ständiger Einwohner und erster Ortschronist des noch gar nicht vorhandenen Ortes, erbaute direkt am Küstenwald ein kleines Haus, das er ebenfalls zutreffend „Am Waldessaum" nannte (Waldstraße 26).

In diesem einen Jahr entstanden allein zehn Neubauten an, auf und hinter den Dünen, die alle zum Weihnachtsfest unter Dach und Fach und bereit waren, in der nächsten kommenden Saison die ersten Gäste aufzunehmen. Und die Gäste kamen! Im Sommer 1897 verzeichnete Malermeister Vahl akribisch 308 Badegäste, die in den zehn neuen Häusern ihr sommerliches Quartier nahmen.

Auf solche Weise wurde das Jahr 1897 zum Gründungsjahr des neuen Seebades, das sich der besseren Orientierung wegen und nur für diese kurze Einstiegsphase den Namen „Bansin bei Heringsdorf" zugelegt hatte. Ein neues Seebad war geboren und es wuchs in einem geradezu atemberaubenden Tempo – ohne die Technik von heute!

Man baute noch Stein auf Stein und Balken an Balken, eingeschlossen die zahlreichen echten und kaschierten Säulen und den prunkvollen Stuck der Gesimse und Fenstereinfassungen – der heute als Bäderarchitektur bezeichnete Baustil aus vielerlei unterschiedlichen architektonischen Elementen konnte hier nach allen Regeln von Kunst und Können den Aufbau eines ganzen Ortes beherrschen. Hier gab es kein altes Dorf, keinen schon vorhandenen Siedlungskern, hier mußte nichts neues schon vorhandenem Alten angepaßt werden.

Das neue Bansin entstand als Seebad, eine andere Funktion war ihm gar nicht zugedacht, und es sollte ein glanzvolles Seebad werden. Diese Absichten und Entstehungsumstände brachten es mit sich, daß von den drei „Kaiserbädern" Bansin m. E. das vom Baustil her einheitlichste Gesicht und von der Anlage seines Straßensystems her die sinnvollste Verkehrsführung aufweist.

Dabei geschah, wie schon gesagt, alles in erstaunlich kurzer Zeit: Die Häuser der heutigen Bergstraße zum Beispiel, alles gut gestaltete Hotel- und Pensionsbauten, entstanden in einem einzigen Jahr! Ganze Kolonnen von bauerfahrenen Maurern aus Berlin und Zimmerleuten aus Hamburg ließen den neuen Ort auf und aus den Dünen hervorwachsen – dazu entstanden zeitgleich Läden, Gaststätten und Lokale aller Art. Bereits ein Jahr, nachdem die ersten Gäste 1897 in die ersten nagelneuen Villen einzogen, wurde an der Promenade das Haus „Asgard" erbaut, das 1920 der Hoflieferant Winterstein erwarb, als Café betrieb und aus dem später jene berühmte Nachtbar wurde, die sich über Jahrzehnte den Ruf des Exquisiten bewahren konnte. Dennoch mußten die vornehmen Gäste jener Jahre, Verwandte und Gefolgsleute des Kaisers, Angehörige des Hochadels, der maßgeblichen deutschen Fürstengeschlechter und der führenden Familien aus Wirtschaft und Finanzwelt, sich stets mit Kutschen und Fuhrwerken über die Chaussee oder gar auf Wald- und Dünenwegen aus dem benachbarten Heringsdorf nach Bansin bringen lassen. Heringsdorf nämlich

*Historische Postkarten mit Ansichten des
Seebades Bansin*

*Historical postcards with views of the
sea resort Bansin*

*Historyczne pocztówki z widokiem na
kąpielisko morskie Bansin*

Seebad Bansin. Strandleben an der Damenbadeanstalt.

Seebad Bansin. Am Herrenbad.

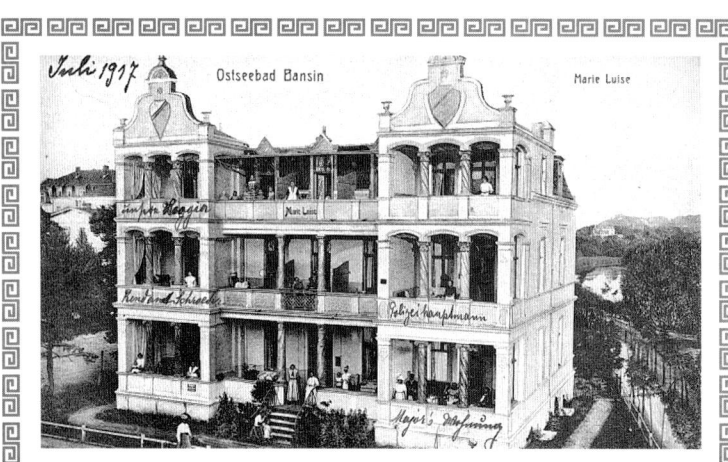

war schon zwanzig Jahre vor der Bansin-Gründung an die Eisenbahnlinie angeschlossen worden, die Berlin mit der Hafen-, Marine- und Seebadstadt Swinemünde verband. Angeblich sollen manche Heringsdorfer Kutscher damals versichert haben, einen Badeort Bansin gar nicht zu kennen, die Gegend werde vielmehr Neu-Kaledonien genannt. Jedoch konnte solch aus verständlichem Konkurrenzdenken entstandenes Verhalten den Aufstieg des Ortes nicht behindern. Der allerdings war noch gar kein Ort, sondern juristisch immer noch ein Teil des einen Kilometer entfernten am Ufer des Gothensees gelegenen sechshundertjährigen Dorfes, dessen Namen er angenommen hatte.

Das alte Bansiner Dorfparlament hatte ganz andere Interessen als die Seebadgründer. Die wiederum trafen sich am 6. Oktober 1900 im Saal des knapp drei Jahre alten Hotels „Meeresstrand" und beschlossen, sich vom alten Dorf zu trennen und den Antrag auf Bildung eines eigenen kommunalen Gemeinwesens zu stellen. Das war jedoch leichter beschlossen als verwirklicht. Monatelang zogen sich die langwierigen Verhandlungen mit dem Landrat hin. Jedoch nahm alles ein glückliches Ende, und zum Jahresanfang 1901 bestätigte der Kaiser die Selbständigkeit der neuen Gemeinde unter dem Namen „Seebad Bansin".

Nun gab es kein Halten mehr. 1903 schufen sich die Bürger des Seebades ein eigenes Gemeindeamt mit einem ihm angeschlossenen und damals für einen Kurort unerläßlichen Warmbad – heute Sitz der Amtsverwaltung „Am

Schmollensee". Eigentlich wären sie ihren Kindern auch eine Schule schuldig gewesen, aber um einen Neubau solcher Art drückten sie sich erfolgreich herum und verstanden es sogar, mehrere Jahre lang die entsprechenden Auflagen und Forderungen der Provinzialregierung zu umgehen. Sage und schreibe elf Jahre lang feilschten die Ortsväter um einen staatlichen Baukostenzuschuß, und erst, als die Regierung den in entsprechender Höhe zugesagt hatte, erbaute die Gemeinde 1912 eine für damalige Verhältnisse hochmodern gestaltete und ausgestattete Schule. Auch dieser Bau vollzog sich mit der damals üblichen Baugeschwindigkeit: 1912 wurde die Schule errichtet – 1913 erteilte der erste Lehrer den ersten Schülern den ersten Unterricht.

Um diese Zeit allerdings war der Rausch des Aufbruchs in dem neuen Seebad so gewaltig, daß ein Schulbau gar nicht auffiel. Im Jahre 1908, als nach zwei relativ kurzfristigen Vorgängern der ehemalige Zahlmeister im Reichskolonialamt Paul Exss das Amt des Gemeindevorstehers (= Bürgermeisters) im jungen Seebad übernahm, waren im Strandbereich bereits drei neue Badeanstalten für Damen, Herren und Familien errichtet worden, der Ort verfügte über 5 Hotels, 8 Pensionen und rund 90 private Villen, in denen ganze Etagen als Ferienwohnungen vermietet wurden, denn Gäste von damals reisten mit Dienern, Köchen, Kindermädchen, Kutschern und etliche schon mit Chauffeuren an – Großräumigkeit war vonnöten, und Dienstbotenzimmer gehörten dazu. Zum Vergnügen der Gäste waren auch schon

„exquisite Tennisplätze" geschaffen worden, und seit dem 1. April 1911 hatte Bansin einen eigenen Bahnanschluß an der neuen Eisenbahnstrecke von Heringsdorf nach Wolgaster Fähre. Dies hatte Folgen: Der Zustrom der Gäste stieg um das Fünffache, zwischen Bahnhof und Ortszentrum verkehrte ein Pferdeomnibus, und die Einwohner schwammen auf einer Woge des Erfolgs. Unter Leitung von Vater Exss, wie der Bürgermeister gern genannt wurde, entwickelte sich Bansin zu einem hochgeschätzten deutschen Seebad. Die neue Firmierung SEEBAD BANSIN – DAS BAD VON RUF gab Auskunft über das Selbstbewußtsein des neuen Ortes und über die Gäste, die hier verkehrten. Es waren tatsächlich Angehörige der oberen Zehntausend, wie man damals zu sagen pflegte.

Einer der Bansiner Gründerväter, der schon erwähnte Malermeister Vahl, hat in seiner ersten Ortschronik eine klare und unmißverständliche Formulierung für die Ansprüche des jungen Badeortes gefunden: „Seebad Bansin trachtete immer danach, feines Publikum nach dem Ort zu ziehen und ihn auch frei von Juden zu halten, stand es doch in den Zeitungen als antisemitisches Bad an erster Stelle." In dieser Hinsicht unterschied sich das neue Seebad von seinen Nachbarn Ahlbeck und Heringsdorf, wo jüdische Gäste freundliche und achtungsvolle Aufnahme fanden. Die Bansiner Hotels und Pensionen warben in den großen deutschen Zeitungen als „christliche Häuser", in denen herrschaftliche Wohnungen für die „gute Gesellschaft" bereitstanden und „nur christliche Gäste aufgenommen" wurden. Sie bezeichneten sich als „Haus I. Ranges" oder der Eindeutigkeit wegen als „Christliches Haus I. Ranges", einige von ihnen wurden besonders vom Deutschen Offiziersverein empfohlen.

Bansin war ein vornehmes Adelsbad, in dem die Flagge Schwarz-Weiß-Rot durchaus stolz über den Häuptern von Gästen und Einwohnern wehte. Jedoch war dies der Zug der Zeit: Das Deutsche Kaiserreich befand sich auf der Höhe seiner Macht, und ein überschwengliches Nationalbewußtsein war Bestandteil seiner Ideologie. Unabhängig davon, ob Paul Exss in dieser Hinsicht ein treuer Untertan seines säbelrasselnden Kaisers oder eher liberal gestimmt war, fest steht, daß durch ihn und in seiner Zeit der Ort in die höchste Sterne-Klasse der deutschen Seebäder aufrückte. Nicht unbeachtet soll bleiben, daß der Schulbau unter seiner Regierung und direkt neben seinem Wohnhaus erfolgte. Dreiundzwanzig Jahre lang residierte Vater Exss im Bansiner Gemeindeamt, erst 1931 trat er zurück. Nach 1945 ehrte ihn der Ort, indem er eine Straße nach ihm benannte. Jedoch wurde diese Benennung zu DDR-Zeiten wieder geändert, weil ein ehemaliger Zahlmeister im kaiserlichen Reichskolonialamt nicht Namensgeber einer kommunalen Nebenstraße sein konnte – was immer er auch für die Kommune getan hatte! Erst nach der Wende von 1989 konnte diese Entscheidung wieder korrigiert werden.

Wir wissen nicht, ob Vater Exss in der Silvesternacht 1913/14 überhaupt oder nur ganz eilig mit seiner Familie angestoßen hatte – zum Feiern wird ihm nicht zumute gewesen sein: Am 29. Dezember trieb ein orkanartiger Sturm, von Nordwest kommend, sehr schnell mit ständig steigendem Wasser seine Brecher gegen die Küste, riß Bretter und Bohlen von den neuen Badeanstalten am Strand, zerstörte die dahinter liegenden Dünen und einen beträchtlichen Teil der Promenade. Deren östliche Häuser wurden geräumt. Indessen stieg das Wasser so rasch, daß es in der Nähe des Hotels „Seehof" das Dünengelände durchbrach und auf dem Gebiet des heutigen Ortszentrums einen See bildete, den die Einwohner mit Booten befuhren, um Hab und Gut aus den gefährdeten Häusern zu bergen. Die Fischerbuden am westlichen Strandende wurden restlos zerstört, ganze Waldstreifen stürzten an der Steilküste des Langen Berges in die tobenden Fluten. Erst 35 Jahre später, im Frühling 1949, kam es zu einem ähnlichen Sturmhochwasser, bei dem das Meer einen acht Meter breiten Dünenstreifen, große Teile der Kuranlagen, den ganzen Konzertplatz, Telefonzellen und andere Einrichtungen fortriß. Auch im Jahre 1995 fügte ein Sturmhochwasser dem Küstenstreifen der „Kaiserbäder" erhebliche landschaftliche und materielle Schäden zu.

So schlimm jedoch wie bei der Silvesterflut 1913 ist es den Einwohnern Bansins nicht wieder ergangen: Am Morgen danach war das Ausmaß der Katastrophe erkennbar: Ein beträchtlicher Teil dessen, was die Einwohner des jungen Seebades im vergangenen Jahrzehnt für sich und ihre Gäste geschaffen hatten, war von dem verhängnisvollen Sturmhochwasser zerstört oder unbrauchbar gemacht worden. Zu dieser Zeit jedoch beherrschten noch Gründerinitiative und Pioniergeist das Verhalten der Bürger und brachten eine bis dahin beispiellose Solidaritätsaktion hervor. Ohne Lohn, Entgelt oder gar Gewinn beteiligten sich fast ausnahmslos alle Einwohner an der sofortigen Beseitigung der Schäden: Sie fuhren Sand und schleppten Steine, besserten die Straßen aus und legten wieder eine Promenade an. Als zu Pfingsten 1914 wie gewöhnlich die Saison begann, erwartete die Besucher ein neues Bansin.

Über diese Wiederaufbauphase kursiert manch heitere Geschichte. Eine davon betrifft den alten Stromberg, Mitglied einer alteingesessenen Gründerfamilie, der mit seinem eselbespannten Lastfuhrwerk Sand, Kies und Zement transportieren sollte. Das hatte er schon getan, als das Seebad entstand und die Bergstraße erbaut wurde, und so wie damals geschah auch jetzt dasselbe: Der störrische Esel hatte keine Lust, den vollbeladenen Wagen den Berg hochzuziehen. Weder gutes Zureden noch lautstarke Flüche und schon gar nicht handgreifliche Belehrungen konnten das Tier zum Sinneswandel veranlassen. Wutschnaubend spannte der alte Stromberg endlich den Esel aus, begab sich selbst an dessen Stelle und zog die Last allein den Berg hoch. Nachdem er das Material entladen hatte, holte er den wartenden Esel ab, spannte ihn ins Geschirr und wunderte sich gar nicht darüber, daß sein Grautier nun fröhlich trabend den leeren Wagen nach Hause zur heimischen Futterkrippe zog.

Auf solche Weise wurden auch die Schäden des Silvesterhochwassers beseitigt, die Gäste konnten kommen – die Saison 1914 war gesichert. Es sollte die letzte dieser Zeit werden – am 1. August brach der Krieg aus, von dem niemand ahnte, daß es ein vierjähriger Weltkrieg werden und auch in Bansin alles verändern sollte. Jedenfalls war das normale Badeleben zu Ende, und von den vielen vornehmen Adelsgästen kamen nur noch der Bruder des Kaisers Prinz Heinrich und ein paar Militärs an den Strand von Bansin. Auch die blieben schließlich weg, der Krieg dominierte die Gesellschaft und war bei Gott keine „Badekur". Das neue Seebad Bansin mußte auf den gewohnten sommerlichen Glanz verzichten – die kaiserlichen Gäste hatten anderes zu tun. Es ist klar, daß in dieser trüben Zeit nichts Neues in Bansin entstand, mit einer zeitgemäßen Ausnahme allerdings: 1916 weihten die Bürger ihren Friedhof ein!

Der Kaiser ging – und alle anderen blieben. Das sollte sich auch nach der Novemberrevolution, die in der Bäderregion kaum politische Veränderungen bewirkte, in den Gästelisten zeigen. Bevor die jedoch wieder gut gefüllt werden konnten, mußten die Seebäder wie das ganze Land durch das Fegefeuer der Inflation.

Dies war die Stunde der Spekulanten: Ein Haus nach dem anderen wechselte den Besitzer. Auch kapitalkräftige Ausländer erwarben – wenn auch nur für eine begrenzte Zeit –

Häuser und Grundstücke in Bansin. Einer unter ihnen ist in der Geschichte des Seebades zu einer Art Legende geworden: der Armenier Dikran Sahagian. Der kleine, schöne, schwarzhaarige und schwarzbärtige Mann kaufte für wenige Dollars den gesamten Hotelkomplex „Meeresstrand" auf, zu dem immerhin vier Hotelgebäude mit angegliederten Restaurationseinrichtungen gehörten. Dazu erwarb er noch die größte „Kolonialwaren"-Handlung des Ortes und wurde auf solche Weise der reichste und daher auch der mächtigste Mann des Seebades – dennoch galt der Armenier als sozial denkender Herr: Für den neugebildeten Sportverein der arbeitslosen Männer beschaffte er die modernsten Sportgeräte, ihren Frauen und Töchtern aber, einschließlich der beschäftigungslosen Saisonkräfte, half er aus ihrer sozialen Notlage: In den unteren Räumen des glanzvollen Hotels „Meeresstrand" gründete er eine persische Teppichknüpferei, zu deren Betrieb er aus seiner Heimat einen erfahrenen Meister kommen und in der er die arbeitslosen Bansiner Frauen und Mädchen arbeiten ließ. Für die war das gewiß eine ungewöhnliche Tätigkeit, jedoch ein sicherer und guter Verdienst. Erst als die Inflation nur noch böse Erinnerung war, und die wieder stabil und wertvoll gewordene Reichsmark den Dollar verdrängt hatte, dachte der Armenier an seinen eigenen Gewinn. Zuerst bot er der Gemeinde den Komplex „Meeresstrand", den er selbst für ein Dollar-Taschengeld erworben hatte, für einen ungeheuerlichen Reichsmark-Preis zum Kauf an. Von dem allerdings mußten die Gemeindeväter Abstand nehmen, weil sie – natürlich – das Geld nicht hatten. Sahagian wird dies geahnt haben. Prompt ließ er nach der Ablehnung seiner Kaufsumme verlauten, er würde alle seine Hotel- und Pensionsbauten miet- und zinsfrei an Kinderheime verschenken, wenn der örtliche Rat sich nicht zum Kauf entschließen sollte. Da jeder wußte, daß dem schönen Herrn Dikran dies durchaus zuzutrauen war und die Ausführung dieses Vorhabens für den Ort den Verlust des Kurhauses und der prominentesten Strandhotels, also die Einbuße unschätzbarer Finanzquellen für das Bad bedeutet hätte, mußte der Rat nachgeben und dem Armenier 375 000 Reichsmark auszahlen.

Die Gemeindevertreter waren also zu Hotelbesitzern geworden, eine Rolle, die ihnen gar nicht lag und die sie auf keinen Fall behalten wollten. Endlich gelang es Mitte der dreißiger Jahre dem örtlichen Rat, seinen ungeliebten Besitz an die Gebrüder Wiese aus Hannover zu verkaufen, die von Stund an im Kurhaus die Geschäfte führten.

Doch zurück zu den nachinflationären zwanziger Jahren, die nach allen persönlichen mündlichen und schriftlichen Aussagen für Bansin wohl tatsächlich die „goldenen" waren. Paul Exss regierte den Ort mit Klugheit und Weitsicht. Als erstes deutsches Seebad erlangte Bansin von der Regierung die „Freibade-Erlaubnis", die es den Gästen gestattete, im Bademantel vom Promenadenhotel zum Strandkorb und im Badeanzug vom Strandkorb ins Wasser zu gehen und sich in Badebekleidung frei am Strand zu bewegen. Dadurch waren die Badeanstalten tatsächlich überflüssig geworden. Im Laufe der Jahre ließ der Rat diese abreißen und das Material zum Bau einer Leichenhalle auf dem Friedhof verwenden.

Knapp drei Stunden brauchte der D-Zug von Berlin, um die „Kaiserbäder" zu erreichen. Das erhöhte natürlich auch den Gästezustrom nach Bansin, was wiederum Geld in die Gemeindekassen brachte und den Ort immer schöner und anziehender werden ließ. In den zwanziger Jahren hatte das Seebad ein Prachtkleid angelegt: Unter flatterndem Fahnenschmuck standen über tausend Strandkörbe am Meeresufer. Der Wald im Areal des Seebades war zu einem gepflegten Naturpark umgestaltet worden, in dem fünf bestens ausgestattete Tennisplätze den Gästen zur Verfügung standen. Selbstverständlich gab es einen Reitstall und Esel- und Ponykutschen für die Kinder. Für den entsprechenden Obolus konnte der interessierte Gast mit Wasserflugzeugen Rundflüge absolvieren, und natürlich stand es jedem frei, mit dem Linienverkehr der Motorboote von der Seebrücke aus in die Nachbarbäder oder mit den Salondampfern aus Stettin und Swinemünde aus nach Rügen oder Bornholm zu schippern.

Eines der schönsten Bansin-Erlebnisse war und blieb bis heute die kilometerlange Promenade. Sie war hinter dem Dünengürtel so angelegt worden, daß man von jedem Punkt aus und in ihrer ganzen Länge immer einen freien Blick auf das Meer hatte. Damit steht sie einzig unter den deutschen

*Forsthaus Langenberg bei
Bansin*

*"Forsthaus Langenberg" (forester's lodge) near
Bansin*

*Leśniczówka Langenberg w okolicy
Bansin*

Villen in der Bansiner Bergstraße

Villas on the Bergstraße in Bansin

Wille na ulicy Bergstrasse w Bansin

Bäderpromenaden da. Bereits zu Beginn der dreißiger Jahre wurde in einem hervorragend gestalteten Kurplatz der Musikpavillon erbaut, in dem von nun an die regelmäßigen Kurkonzerte zum sommerlichen Grunderlebnis wurden.

An der Gästestruktur hatte sich nichts geändert, seit aus dem kaiserlichen ein republikanisches Deutsches Reich geworden war. Gewiß: Aus dem vornehmen Hotel „Prinz Heinrich" wurde ein Ferienheim der Ortskrankenkasse Chemnitz, das den bis heute gültigen Namen „Bansiner Hof" erhielt, und im Zentrum der Promenade, direkt gegenüber dem Musikpavillon wurde das „Strandhaus" zum Erholungsheim der Gewerkschaft Deutscher Angestellter (GDA). Erstmalig fanden tatsächlich erholungsbedürftige Menschen Zugang zu einem Badeort, von dem sie früher nicht einmal zu träumen gewagt hätten. Aber im Verhältnis zu den anderen Gästen blieb ihre Anzahl verschwindend gering und ihr Einfluß auf die Gästestruktur gleich Null. Sie fielen überhaupt nicht ins Gewicht. Einmal fielen sie auf: Im gewerkschaftseigenen „Strandhaus" hatten die GDA-Funktionäre die Stirn, an der Fahnenstange das schwarz-rot-goldene Tuch aufzuziehen – es war ja immerhin die Staatsflagge. Jedoch verfügte die illustre Gästeschar Bansins über ein paar Radikale, die die Fahne herunterrissen und verbrannten. Schuldige wurden nicht gefunden – die blieben unantastbar. Denn über Bansins Strandkörben wehte weiterhin das kaiserliche Schwarz-Weiß-Rot, und auch die „Kaiserlichen" waren keineswegs verschwunden. Prinz Eitel Friedrich flanierte auf der Promenade, Prinz August Wilhelm durfte nicht fehlen, der Prinz von Thurn und Taxis gehörte zu den sommerlichen Bansinbesuchern ebenso wie der Fürst zu Fürstenstein und viele andere hohe Herrschaften mehr. Die Republik hatte ihnen ansehnliche Abfindungen gezahlt, und ihre guten Markstücke füllten die Kassen der örtlichen Kurverwaltung, des örtlichen Spielcasinos, der exklusiven Nachtbar „Asgard" und des vornehmen Hotels „Atlantic". Aber auch die neuen Größen des neuen Deutschen Reiches ließen es sich an Bansins Strand wohlsein. Im Hause „Rolandseck" konferierte Reichsaußenminister Stresemann; ausländische Botschafter und Gesandte umschwärmten in den einschlägigen Salons den berühmten Dirigenten Wilhelm Furtwängler; vor der Seebrücke holte ein Wasserflugzeug den Reichsfinanzminister Köhler ab, um ihn von Bansin aus zu Verhandlungen über das deutschschwedische Streichholzmonopol nach Stockholm zu fliegen – es war, wie gesagt, eine „goldene" Zeit.

Zum romantisch-lokalen Flair des mondänen Badeortes gehörten damals die Seetörns mit heimischen Fischern. Die hatten ihre Kutter dafür extra hergerichtet und priesen ihre Lustfahrten lautstark am Strande an. Einer der bedeutendsten war der Fischer Gamradt, der allgemein Ull Jalow genannt wurde. Wirklich einwandfrei beherrschte er nur die plattdeutsche Sprache, bemühte sich aber bei seinen Lustfahrten und zur besseren Verständigung mit seinen vornehmen Gästen um ein verständliches Hochdeutsch – das Ergebnis war ein sprachliches Konglomerat, das seinen Ruf als Unikum zweifellos verstärkt hat. Ull Jalow fischte nicht nur, sondern arbeitete im Winter in der Forstwirtschaft und im Frühjahr bei der Renovierung und dem Neubau von Hotels und Pensionen. In der kurzen Saison jedoch segelte er mit seinem breitleibigen Boot die Gäste spazieren und tischte ihnen dabei die unglaublichsten Geschichten auf. Dem als arrogant verschrieenen Großgrundbesitzer Baron von Hülsen, der ihn aufforderte, doch einmal sein wirkliches Alter preiszugeben, soll er folgendes vorgerechnet haben: „Tje, dreißig Johr bün ick tau See führt, dreißig Johr hew ick fischt, dreißig Johr hew ick de Murers handlangt, un' dreißig Johr hew ick in'n Busch arbeit' ..." „Das ist doch nicht möglich-", schrie von Hülsen, „dann sind Sie ja schon über 120 Jahre alt!" „Tje, Herr Baron", antwortete Ull Jalow mit seinem unschuldigsten Gesicht, „wenn Sei dat seggen, denn ward dat jo woll stimmen!"

Ull Jalow spann sein kräftiges Seemannsgarn besonders bei den Mondscheinfahrten mit dem lampiongeschmückten Boot. Auf einer dieser Touren, als man schon das Blinkfeuer der Insel Oie sehen konnte, fragte eine Dame nach dem Standort des Leuchtturms. Ull Jalow erklärte: „Dat ist de Oie. Und dat doar hüt 'n Füer steiht, dat hebb'n Sei mi tau verdanken. Ick segelte eis mit mienen Brauder, ümmer wieder un immer weiter, un wi segelten all acht Stunden. Un don, Madam, sahen wir eine Insel, un ick säd tau mienen Brauder: Sühst du, min Jung, da ist das Land, das wir so lange suchten. Un so hew ick de Oie entdeckt!"

Bei einer anderen Mondscheinpartie wollte ein Gast von

ihm wissen, wie weit er wohl in seinem Leben schon gesegelt sei. „Tje", begann Ull Jalow, „dat is jo nu all Joahren her, don segelte ick eis mit mienen Brauder immer up den Mond tau …" „Und wie weit", unterbrach ein Gast, „sind Sie herangekommen?" „Na", erklärte Ull Jalow und kratzte sich am Kopf, „ick will mol segg'n: Wi kün'n em groad so mit de Hand anfoaten!"

Natürlich war Ull Jalow keineswegs der einzige, der die großstädtischen Kurgäste mit solcherlei Küstenlatein traktierte. Andere Fischer und auch die Strandkorbvermieter standen dem kaum nach. Was jedoch das Originelle an Ull Jalows Geschichten blieb, war die Erzählweise, die wohl als das begriffen werden darf, was hier bisweilen als „schlitzohriges Gerede" bezeichnet wird und genauso zur norddeutschen Mentalität dieser Gegend gehört wie die allgemeine Wortkargheit, die Gutmütigkeit und die Hilfsbereitschaft der Einwohner.

Zurück zum Lauf der Geschichte: Zu Beginn der dreißiger Jahre waren Anlage und Aufbau des Seebades im Grunde abgeschlossen – viel Neues kam nicht mehr dazu. Als der erste nazistische Gauleiter von Pommern, Peter von Heidebreck, im Jahre 1934 ziemlich betrunken sein Heil-Geschrei im Bansiner Musikpavillon anstimmte und anschließend die ihm „würdig" erscheinenden Spiegel im gegenüberliegenden „Strandhaus" zerschoß, hatte Vater Exss längst abgedankt, und wie in ganz Deutschland hielt auch in Bansin jene Macht ihren Einzug, deren nächster Schritt der Krieg und deren letzter das Finale von

Fischerhütten am Strand von Bansin

Fishing huts on the beach in Bansin

Chatki rybackie na plaży w Bansin

Am Strand von Bansin

On the beach in Bansin

Na plaży w Bansin

1945 werden sollte. Dem „Wehrertüchtigungswillen" dieser Macht verdankt der Ort die 1934/36 neben der Schule erbaute Turnhalle, die bis auf den heutigen Tag von Schülern und Sportgruppen genutzt wird. Vielleicht waren die Termine für die Ausführung und Einweihung des zweiten großen Bauwerks der dreißiger Jahre nichts als ein zeitlicher Zufall, der jedoch eines gewissen Symbolcharakters nicht entbehrt: In dieser Zeit der Gewalt, des Abbaus ehtischer Werte und am Vorabend des zweiten und verhängnisvollsten Weltkrieges, öffnete sich am 12. Februar 1939 zum ersten Mal das Portal der gerade fertiggestellten Bansiner Kirche. Sie sollte in den folgenden Jahren Ort des Trostes und Gebetsstätte für die vielen Einwohner werden, die um Leben, Gesundheit und Sicherheit ihrer Angehörigen bangen mußten. Fünfzig Jahre später, im Herbst 1989, erfüllte sie als Konzentrations- und Sammelpunkt neuer demokratischer Bewegungen, Parteien und Bürgerinitiativen eine humanistische und gesellschaftliche Mission anderer Art.

In den letzten Monaten des Jahres 1945 war der Krieg schon lange nach Deutschland zurückgekehrt. Flüchtlinge aus Ostpreußen und Hinterpommern zogen durch den Ort weiter nach Westen, einige blieben hier. Ihre Zahl vergrößerte sich beträchtlich, als am 12. März 1945 angloamerikanische Bomberverbände die Kreis- und Hafenstadt Swinemünde in Schutt und Asche legten. Vom Nachmittag dieses Tages an verwandelte sich Bansin in einen Sammelpunkt für die militärischen und zivilen Fluchtströme aus dem Osten. Auf der Reede trieben hilflos brennende Schiffe, neben der Seebrücke schaukelten abfahrtsbereit Schnell- und Vorpostenboote. Die sowjetischen Truppen waren nicht mehr als acht Kilometer entfernt, als im Hotel „Seeschloß" ein General der Deutschen Wehrmacht die „totale Verteidigung" Bansins verkündete. Doch die weißen Fahnen, die aus allen Fenstern hingen, und der offenkundige Unwille seiner Soldaten, die entweder mit den bereitliegenden Booten flohen oder sich in den gegenüberliegenden Häusern der Bergstraße rasch mit Zivilkleidung versorgten, ließen ihn schnell den Irrsinn seiner Forderung erkennen. Eilig und gerade noch rechtzeitig stieg er in einen auf der Promenade vor dem Hotel „Meeresstrand" startklar gemachten Fiseler-Storch und floh gen Westen.

An seine Stelle trat Willy Richter, ein von den Nazis aus dem Schuldienst gejagter Lehrer, der als spiritus rector einer kleinen Widerstandsgruppe mit seinem politischen Freund Eger und zwei russisch sprechenden Fremdarbeitern mit flatternder weißer Fahne der Roten Armee entgegenfuhr. Ihm ist die kampflose Übergabe dieses Ortes, die Rettung unzähliger Menschenleben und die Bewahrung von Seebad und Dörfern vor sinnloser Zerstörung zu danken. Als vierundzwanzig Stunden später, am 5. Mai 1945 gegen 10 Uhr, die sowjetischen Truppen in den Ort einzogen, übernahm er das schwere und aufopferungsvolle Amt des ersten Nachkriegsbürgermeisters von Bansin. Später wurde er Schulrat des neuen Kreises Usedom.

Die Nachkriegsgeschichte des Seebades und seiner Gäste durchlief mehrere Phasen. Die Urlaubsreisen der Sommermonate der Jahre 1947/48 wurden mehr unter den Vorzeichen von schwarzem Fischhandel als unter dem Aspekt der Erholung abgewickelt: Die Preise wurden an, nach und mit Fisch, Kartoffeln, Butter, Lucky Strike und Essigessenz reguliert. Im Jahre 1949 begann, wenn man so will, wieder der normale Saisonverkehr, der eindeutig von betuchtem Publikum dominiert wurde, denn die Kosten waren erheblich und entsprachen den damaligen Lebensverhältnissen. Nur drei Bansiner Hotels gelangten in die Hände der Sozialversicherung und des gewerkschaftlichen Feriendienstes, eines diente den Gästen der Vereinigung der Verfolgten des Naziregimes (VVN) und eines der damaligen „Regierung" der sowjetischen Besatzungszone, der Deutschen Wirtschaftskommission, zum Sommeraufenthalt an der Ostsee. Im Grunde bestimmten jedoch nach wie vor begüterte Publikumskreise aus Ost und West die Gästestruktur.

Um solche Zustände zu korrigieren, inszenierte die Staatsgewalt einen Streich, der unter dem Begriff Aktion Rose in die Nachkriegsgeschichte eingegangen ist: In einer Art Nacht- und-Nebel-Aktion durchsuchten 1953 Sicherheitskräfte, die zu diesem Zweck aus anderen Regionen in die Seebäder gebracht worden waren, Zimmer, Keller, Böden und Vorratsräume der Hotels und Pensionen, „entdeckten" überall „gehortet" Waren und Lebensmittel und leiteten daraus das Recht ab, die Eigentümer zu verhaften, die Häuser zu beschlagnahmen und sie dem gewerkschaftlichen Feriendienst zu „übereignen". Gewiß gab es für die bei dieser Aktion festgenommenem Eigentümer auch Prozesse, in denen sie wegen „Wirtschaftsstrafvergehen" zu Haftstrafen verurteilt wurden, aber darauf kam es den Initiatoren gar nicht so sehr an: Wesentlich war der „Erwerb" ihrer Hotel- und Pensionshäuser. Begünstigend für die jahrzehntelange Nutzung der Hotelbauten durch den Feriendienst wirkte sich die Tatsache aus, daß die meisten der ursprünglichen Besitzer das Land verließen, so daß nur sehr wenige nach dem 17. Juni 1953 ihr Eigentum zurückerhielten. Auch sie wurden in die Urlaubsplanung des gewerkschaftlichen Feriendienstes einbezogen, der sich auf solche Weise hier in Bansin zum größten Urlaubsträger entwickelte.

Selbst das staatliche Reisebüro der DDR wurde aus vielen seiner ursprünglichen Positionen zugunsten des Feriendienstes verdrängt. Private Vermietungen wurden weitgehend eingeschränkt, wozu das Grenzschutzgesetz der DDR die juristische Handhabe bot. Neben dem FDGB traten sogenannte Sonderbedarfsträger wie die Nationale Volksarmee, der Ministerrat oder einzelne Ministerien als Nutzer der Häuser auf. In den vierzig DDR-Jahren erfolgte so gut wie kein erweiternder Ausbau des Ortes oder seiner Hotelkapazitäten. Der private Datschenbau von Künstlern und Wissenschaftlern konzentrierte sich auf das dörfliche Hinterland. Den einzigen größeren Hotelbau führte die Staatssicherheit am Ende der Bergstraße (heute „Strandhotel") aus

Im westlichen Steilküstenbereich errichtete eine Gemeinschaft von Betrieben hinter der alten Ausflugsgaststätte auf dem Langen Berg ein großes stilgerechtes und mit gastronomischen Einrichtungen ausgestattetes Ferienheim, das bis auf den heutigen Tag als vielbesuchtes Hotel und Restaurant betrieben und genutzt wird.

Trotz der relativ geringen Bautätigkeit entstanden in Bansin Einrichtungen von bedeutender gesellschaftlicher Relevanz. Aus den leerstehenden Wohn- und Wirtschaftsgebäuden und den dazugehörigen Bodenflächen der stillgelegten Gemeindegärtnerei entwickelte der leider viel zu früh verstorbene Malermeister Hans Adomat das Tropenhaus. Zuerst auf sich allein gestellt, später von Naturfreunden unterstützt, gelang ihm die Schaffung einer einmaligen Anlage für exotische Pflanzen und Tiere. Als der Tierpark Berlin und der bekannte welterfahrene Erich Wustmann sich aktiv und mit Hilfeleistungen aller Art für das Tropenhaus einsetzten, standen auch die anfangs skeptischen örtlichen Behörden nicht mehr zurück. Mit erheblichen Mitteln wurden das Haus vergrößert und Fachkräfte eingestellt. Nach der Wende von 1989, als die Gemeinde die Kosten dieser Einrichtung nicht mehr tragen konnte, verkaufte sie das Objekt an einen westdeutschen Investor, der die alte Anlage abreißen und durch ein modernes Pflanzen- und Tierhaus, kombiniert mit kleinen gastronomischen Einrichtungen und einem aus drei Gebäuden bestehenden Appartementkomplex ersetzen ließ. Wie das alte, so gehört heute auch das neue Tropenhaus zu den vielbesuchten Attraktionen der Insel Usedom.

Einen ähnlichen Ruf genießt berechtigterweise der damals vom Staatlichen Forstwirtschaftsbetrieb eingerichtete und von Arbeitsgemeinschaften der Bansiner Schule unter Leitung des Lehrers Harald Heinz ausgestaltete Naturlehrpfad Mümmelkensee, der, ausgestattet mit erläuternden und erklärenden Hinweistafeln durch weite Gebiete des Bansiner Waldes führt und bis heute eine verständliche Anziehungskraft auf Wanderfreunde ausübt.

Schon 1955 bildete sich als erste Einrichtung dieser Art auf der Insel Usedom der Bansiner Karnevalclub (BKC), der unter reger Anteilnahme der Bevölkerung 1956 zum erstenmal das Fest der drei tollen Tage im großen Saal des Hauses „Meeresstrand" feierte. Die anfänglichen Widerstände der Behörden, die sogar dazu führten, daß zwei Jahre lang Prinz und Prinzessin durch Störtebeker und Stine ersetzt werden mußten, wurden durch den ökonomischen Gewinn der winterlichen Veranstaltungen rasch überwunden, so daß der BKC heute auf eine jahrzehntelange Tradition zurückblicken kann und inzwischen viele Nachfolger im nördlichen Bereich gefunden hat.

Im Jahre 1967 gründeten einige Mitglieder des auf der „Künstler-Insel" Usedom stets aktiven und auch einflußreichen Kulturbundes den Inselklub Bansin. Er war der erste sogenannte Intelligenzklub auf Usedom und stieß ähnlich wie der BKC anfangs auf das Mißtrauen der örtlichen Behörden. Jedoch gelang es von Anfang an, prominente Vertreter aus Politik, Kultur, Kunst und Literatur, Wirtschaft und Diplomatie als Gesprächspartner in den sehr freimütig diskutierenden Klub zu holen, so daß sein Ruf sich schnell verbreitete und das anfängliche Mißtrauen der heimischen Behörden zurückdrängte. Bis auf den heutigen Tag hat der Klub sich als nach wie vor einzige Einrichtung dieser Art auf der Insel erhalten und auch die Kategorien seiner Gesprächspartner und Referenten sind auf gleicher Höhe geblieben.

Dem langjährigen Bansiner Kurdirektor Wolfgang Lincke und seiner unermüdlichen Initiative verdankte der Ort die Wiederbelebung eines sommerlichen Ereignisses von hohem Rang, des Internationalen Amateurtanzturniers um das Blaue Band der Ostsee. Spitzenpaare ganz Europas, Landesmeister aus Ost und West begeisterten auf dem Parkett des Hauses „Meeresstrand" ein internationales Publikum. Das Turnier gehörte bis zur Wende von 1989 zu den glanzvollsten Ereignissen der Saison und war aus dem kulturellen Leben der Insel nicht mehr wegzudenken. Inzwischen gehört es, wie das Haus „Meeresstrand" selbst, der Vergangenheit an. Was ist da geschehen?

Bereits vor 1989 hatte der Feriendienst der Gewerkschaften eines der ältesten Hotels des Seebades, das in DDR-Zeiten unter dem Namen „Orlopp" geführte einstige „Strandhaus" gegenüber dem Musikpavillon abreißen lassen, um es durch einen Neubau zu ersetzen. Dazu kam es nicht mehr, und die Fläche blieb bis heute unbebaut.

Nach 1989 veräußerte der örtliche Rat das kostenaufwendige Kurhaus „Meeresstrand" an einen westlichen Investor, der die alte Bausubstanz mit Zustimmung der Behörden abriß, um einen glanzvollen Neubau auszuführen. Bisher ist es bei dem Abriß im Zentrum der Promenade geblieben, und die Hoffnung auf die Wiederbelebung des Tanzturniers ist mit der Hoffnung auf den Neubau identisch.

Auch an zwei anderen Stellen der Promenade fielen Hotelkomplexe wie das Ensemble „Seeschloß" im westlichen und das Ensemble „Aufbau" (vormals „Runge") im östlichen Bereich der Spitzhacke und der Abrißbirne zum Opfer. Die von westlichen Investoren zugesagten Neubauten wurden im Bereich „Seeschloß" in ungewöhnlich großem Ausmaß realisiert.

Gewiß ist in Bansin an zahlreichen Stellen des Ortes mit beträchtlichen Investitionen gebaut worden – darauf wurde schon verwiesen. Das Gesicht eines Seebades jedoch wird wesentlich von seiner Promenade und deren Bauten und Aussehen geprägt. In den nächsten Jahren wird diese erste Reihe ein neues Gesicht erhalten und damit den alten Glanz des Seebades wiederherstellen. Dann hat es wieder das Recht, sich als ein Bad von Ruf zu bezeichnen – der könnte für die Zukunft auch wichtiger sein als die nostalgische Bezüglichkeit zu verblichenem Kaisertum.

Summary Englisch & Polnisch

Situated in the most north-eastern corner of Germany, not far from the border to Poland on the island of Usedom, are the three large and well-known sea resorts Ahlbeck, Heringsdorf and Bansin. Together, they are known as the "Imperial Resorts", or Kaiser-Bäder, and indeed at least major periods of their history and development can be traced back to the relationships these towns maintained with Prussian kings and later with German emperors and their families.
Although each of these three resort towns is unique in terms of its historical development, they are nearly identical in terms of the amount of summertime tourism they attracted from the Prussian and German monarchies.
It's true that an emperor left behind buildings in Ahlbeck that are still in use today; it's true that he spent his summer holidays in Heringsdorf for many years; and it's true that an empress had donated, when she was still a crown princess, a monument in a wooded area of Bansin.
In all three towns, the imperial black-white-red dominated throughout the period of their development from former fishing villages to modern resort towns. This development first began as a result of the inspection-journeys regularly taken by the German leaders in the early part of the nineteenth century to Swinemünde, the Prussian naval base founded by Frederick the Great.
Swinemünde lies on the most eastern point of the island of Usedom and, as an outcome of the Potsdam conference, belongs to the Republic of Poland along with Stettin, the former capital of Pommerania. Before the end of World War II, the city was one of the most important German naval ports on the coast of the Baltic Sea as well as the district town and administrative centre for the district of Usedom-Wollin, which encompassed both of the Baltic Sea islands, Usedom and Wollin, that lie within the bay Pommersche Bucht. The entire eastern island of Wollin, like the city of Swinemünde (Swinoujscie) on Usedom, has belonged to Poland since 1946, where it is called Wolin. Now

that we have given some historical and geographical consideration to the area, let us return to the history of the three imperial resorts, Ahlbeck, Heringsdorf and Bansin.

AHLBECK

Ahlbecl owes its name and its formation to a small watercourse that was called the "Ahl-Beck" or "Ahl-Beek" in the Low German dialect. This name evidently referred to the eel (in German, Aal) population of this no longer existing stream, which once flowed from the Gothensee lake to the Baltic Sea. In 1700, a water-mill was built on the site where it emptied into the sea. Approval for the construction was given by Baron von der Lühne, the proprietor of the Mellenthin Manor. Therefore, the small settlement that formed around the mill was given the name "Ahlbeck – adlig" (meaning "Ahlbeck-noble").

The Prussian king settled the area on the other, western, side of the Ahlbeck brook with former soldiers and their families as so-called "colonists", giving them the task of managing the inland moor area of Thurbruch. This section of the new town was therefore named "Ahlbeck – königlich" (meaning "Ahlbeck-royal").

Each half of the town had its own administration and remained independent even after the water-mill was closed in 1772 and all of Ahlbeck became a fishing village. The individual most responsible for Ahlbeck's transformation into a fishing village was the new proprietor of the Gothen Manor who, at the time, had owned all of the estates along the coast and was allowing them to be divided into parcels and sold to Baltic Sea fisherman.

These changes began in 1817 and continued for several years. In spite of its binary administration, Ahlbeck founded a single school for its children in 1823. The development of the town as a sea resort did not begin until 30 years later. The tenant farmer Holtz, who lived on the Stolpe Estate near Usedom, sent his children and their tutor to Ahlbeck to enjoy the fresh air and even swim in the sea.

The summertime tourism which started then, above all from Stettin and Berlin, completely transformed the divided fishing village. Public swimming areas were created on the beach, the first hotels, guest-houses and restaurants appeared, and in 1882, the sea resort town was finally united as a single municipality. As early as the 1890's, new buildings began to arise along the Dünenstraße, Ahlbeck's promenade as it is still called today.

Magnificent hotels, such as the "Ahlbecker Hof", were built along with health spas, the concert pavillion and, in 1898, the Seebrücke pier, which even today is the jewel of Ahlbeck and, with its classic architecture, a treasure for the entire German Baltic Coast. As for the imperial family, the monarch visited the naval port of Swinemünde every year and donated a children's holiday resort with charming wooden bungalows in a wooded area between the city and sea resort. In 1913, he and the empress officially opened the children's resort, which was given his name. It still exists today in Ahlbeck, to whose municipality it had also belonged in 1913, and continues to serve as a holiday site for children and youth. Ahlbeck then developed into one of the largest and most popular German Baltic Sea resorts and, because of the social diversity of its guests, became known as a public resort, or Volksbad. By the end of the 1920's, the resort was attracting nearly 30,000 guests per season. Only the Second World War was able to stall its development. The sea resort became, along with its neighbouring towns, a refugee centre for children from bomb-damaged cities, a shelter for scientists and engineers from the bombed Wernher von Braun Rocket Research Centre in Peenemünde and, at the end of the war, a safe-haven for the thousands of refugees fleeing from the former eastern regions of Germany.

In 1945, the town was surrendered peacefully to the Red Army by a small group of brave residents under the leadership of the Resistance fighter Kurt Bütow, avoiding damages and sparing human lives.

After 1945 and throughout the GDR period, the holiday service of the workers' union controlled practically all tourism in Ahlbeck and the other sea resorts. The classic Ahlbeck hotels, just like those in the neighbouring towns, were given names of union officials, party leaders and Resistance fighters. In 1953, in the context of the infamous expropriation Aktion Rose, the owners of hotels, restaurants and guest-houses in Ahlbeck, as in all other Baltic Sea resorts, were arrested under threadbare accusations of criminal offences against the economy; their buildings were confiscated and turned over to the holiday service of the workers' union for its sole use. And, as in the other towns, all private renting of rooms and holiday flats was abolished. The forty years of the GDR meant the development and dominance of the union holiday service in all three resort towns. Variations were not impossible, though. Heringsdorf, for example, was chosen to serve as a vacation site for foreign members of the workers' union as guests of the holiday service. And, of course, along with the holiday service properties, there were vacation facilities for the Party, the government and the state security service in all three resorts. The guest lists, however, were for the most part determined by the holiday service of the workers' unions.

This era came to an end in all three resort towns with the last "unionised" season in 1990. After Germany was reunified, the hotels, guest-houses and restaurants were slowly transferred back to the original owners returning from the West or to their heirs. However, not all of them kept and used their returned properties. Some sold them to other interested parties. Even foreign buyers and investors came into possession of former unionised holiday facilities, such as the Dutch business owners who inherited the entire holiday establishment "Solidarität" (today, the "Kurhotel" and "Kurklinik") in Heringsdorf. This developmental phase was similar in all three resorts, and at present, all three towns are undergoing the same visual transformation through ongoing construction projects. The only real differences are now hidden in their distant pasts.

HERINGSDORF

Heringsdorf, like Ahlbeck, was once a tiny fishing colony. The village was owned entirely by the lord of the manor and forestry commissioner Bernhard von Bülow. In the early 19th century, Bülow built a summer house on the Kulmberg hill in Heringsdorf. This house was later given the name "White Castle", or Weißes Schloß, and still exists as a tourist attraction. Bülow was a close friend of the Prussian royalty and invited the monarch and his family in the summers to his house on the Baltic Sea. In 1820, during one of these visits, Mr. von Bülow was showing the royal family his small, and then nameless, fishing colony beneath the Kulmberg hill on the edge of the Baltic Sea and asked the king's oldest son to give the place a name. In reference to the fishing colony, where at that very moment of the royal visit, herring had been brought in and were being salted and packaged on the beach, the crown prince named the tiny settlement "Heringsdorf" (literally, "herring village"). Mr. von Bülow was in complete agreement, built more lodges on the Kulmberg hill, and continued to invite the Prussian leaders for summer visits in the "White Castle". The royal family took advantage of this opportunity until Bülow's death. The new proprietress of the house on the Kulmberg hill, a very proud and wealthy Countess von Stollberg, decided however that she would rather use the "White Castle" in summer for her own purposes, meaning that the royal family would have to find a new vacation site. The German Emperor Wilhelm II was the first to continue his old family tradition and return to Heringsdorf. He, nevertheless, kept his distance from the "White Castle". During his so-called annual "northland journeys" to Swinemünde, he always paid a visit to Heringsdorf, which in the meantime had blossomed into a large sea resort. There, he stayed in the villa of the consul's widow, Mrs. Staudt, in the present-day Delbrückstraße 6. It is said that this woman bore a striking resemblance to his own wife. The emperor was a regular and devoted guest of Heringsdorf. The neo-Gothic church, there, owed its existence to the generosity of his ancestors who had provided significant funding as well as the services of the court architect Persius from Berlin.

Wilhelm II insisted on remaining active in the town of Heringsdorf, especially when it came to naming. In 1879, he decreed the naming of the town as the official Sea Resort, or Seebad, Heringsdorf and, two years later, the naming of the newly built pier as the Kaiser-Wilhelm-Brücke. Both namings were carried out at the request of the joint-stock company Aktiengesellschaft Seebad Heringsdorf, which had managed the town as a sea-resort business since the middle of the previous century, under the leadership of Mr. Delbrück, a wealthy businessman from Berlin whose family had been the tutors of princes in the royal House of Hohenzollern. The so-called "Delbrück Era" which ended in 1910 with the accidental death of its last director, Dr. Werner Delbrück, was the most significant period of development for Heringsdorf.

All of the grand buildings in the town centre such as Lindemann's Grand Hotel (today, the Palais Royal), the Villa Esplanade and the Delbrück Villa, were built during this era. Many influential bankers and financial leaders of the imperial period built their summer villas on the long Heringsdorf promenade in expansive and well-tended parks. Some villas that can still be seen today are the Villa Oechsler across from the Kaiser-Villa (literally "emperor's villa") Staudt, and the Villa Bleichröder along with many other witness of this era. Because the German financial community was so dominated by bankers of Jewish ancestry or Jewish faith, Heringsdorf was known to the German Nationalists as the "Jew Resort".

After 1933, the Jews were driven out of Heringsdorf and their properties and houses turned over to "Aryan" hands, but the town managed to maintain its wealthy clientele. The first interruption of the normal tourist season came with the Second World War.

After the war, a Russian military sanatorium controlled the town for several years.In this time, the old and well-known Heringsdorfer Strandcasino (beach casino) burnt down due to negligence, and the Soviet planned and designed Kulturhaus, which still exists today, was built in its place on the promenade. Then, in 1990, this structure was integrated into the new "Forum Usedom" which consists of the MARITIM Hotel, the Kursaal building, and the new Heringsdorf Town Hall (Rathaus). Other new buildings originating from the period following German Reunification are the new music pavilion on the seaward side of the Kurplatz square and the rebuilt and expanded health clinic and health resort hotel on the inland side. The new Seebrücke, which is still the longest pier on the continent of Europe, is equipped with business and restaurant establishments and owes its existence to the post-Reunification period. This boom of building and renovation work, felt so strongly in Heringsdorf, is continuing with the same momentum in the two neighbouring resort towns. The youngest of these three imperial resorts is Heringsdorf's neighbour to the west, Bansin.

BANSIN

Bansin owes its existence to a small community which developed under the strong leadership of the writer Ernst Necker, who lived in the incorporated village Sallenthin. Necker's co-operative, consisting of native village residents, inherited dune and beach property that had in part been bought up by the Heringsdorfer Aktiengesellschaft under the leadership of the Delbrück family, as well as additional inland meadow and forest territories around the Schloonsee lake.
In the late 1890's, the co-operative began to build hotels and guest-houses on these lands. In comparison to the two neighbouring towns of Ahlbeck and Heringsdorf, the sea resort Bansin did not develop from a quaint, previously established village settlement, but was built according to a plan and with the clear goal of functioning as a sea resort. Even today, one can recognise this intentional planning in the town's well-structured street system and its harmonious building concept of hotels and guest-houses along the Promenade and Bergstraße. Because of the extraordinarily rapid construction of the town, its architectural style is quite uniform. Therefore, Bansin offers a virtually classic representation of so-called resort architecture.
In 1897, just one year after the co-operative, together with its partner and financial supporter from Berlin, had begun construction on their hotels and guest-houses, the first resort visitors could be welcomed to the brand new sea resort. This year, therefore, is considered the official year of founding for this new resort town. Its growth was astounding. Just two years before the outbreak

of World War I, the town was "finished" and attracted, in terms of social structure, a predominantly high-brow clientele. Imperial families, noblemen, the rich and the military belonged to this privileged group of guests.
Even the Weimar Republic and Adolf Hitler's Third Reich did not drastically change this aspect of the resort. During the Second World War, though, a great change did take place. The children and youth from large cities were quartered in Bansin with their schools. After the bombing of Peenemünde, its scientists and rocket researchers also took shelter there. Following the war, the holiday service of the workers' unions controlled the vacation and health resort in Bansin as well.
Then, after 1990, extensive building work began, encouraged by the return of property-rights to the previous hotel owners or their heirs who, having lost their properties during the Aktion Rose, had returned to claim them.
In the place of dilapidated or demolished hotel complexes, new health and relaxation facilities, hotels, guest-houses and, above all, holiday flats were built, and are still being built, along the Promenade in the town centre as well as in the previously unused peaceful and wooded areas outside and on the outer edge of the former town centre. Indeed, the sea resort has undergone significant changes in character. Yet, just as in the past, this youngest of the three imperial resorts offers its present-day guests all the comforts of a relaxing and eventful summer holiday.

Together with its two neighbouring towns, Heringsdorf and Ahlbeck, Bansin is one of the pearls in the glorious chain of resorts that decorates the island of Usedom.

W północno-wschodniej części Niemiec, na najbardziej wysuniętym miejscu tego kraju, na wyspie Uznam (niem. Usedom), kilka kilometrów od granicy z Polską, leżą trzy duże i znane kąpieliska morskie Ahlbeck, Heringsdorf i Bansin. Nazywane są one „kąpieliskami cesarskimi", ponieważ znaczna część ich historii i rozwoju związana jest z królami pruskimi oraz z późniejszymi cesarzami niemieckimi i ich rodzinami.
I chociaż różnie przebiegał rozwój każdej z tych miejscowości, tak, można by powiedzieć, jednakowe były ich letnie „powiązania gościnne" z prusko-niemiecką monarchią:
I rzeczywiście. W Ahlbeck pozostawił cesarz budowle, które użytkowane są do dnia dzisiejszego, w Heringsdorfie spędzał on przez wiele lat wakacje, zaś pomnik w Bansin na terenie leśnym zafundowany został przez cesarzową, już wtedy koronowaną księżniczkę. W okresie przeistaczania się byłych wiosek rybackich w wytworne kąpieliska morskie dominował cesarski kolor czarno-biało-czerwony. Przyczyniły się do tego już od początku ubiegłego stulecia organizowane przez władców niemieckich regularne podróże o charakterze inspekcyjnym do pruskiej bazy morskiej Świnoujście (niem. Swinemünde), założonej przez Fryderyka Wielkiego. Świnoujście leży na najbardziej wysuniętym na wschód cyplu wyspy Uznam i należy zgodnie z postanowieniami Konferencji Poczdamskiej, wraz z byłą stolicą Pomorza – Szczecinem (niem. Stettin) do Polski.
Przed zakończeniem drugiej wojny światowej miasto to było jednym z ważniejszych niemieckich portów wojennych na Wybrzeżu Bałtyckim, a przede wszystkim miastem powiatowym i centrum administracyjnym ówczesnego powiatu Uznam-Wolin (niem. Usedom-Wollin), składającego się z dwóch leżących w Zatoce Pomorskiej wysp bałtyckich – Uznam i Wolin. Wschodnia wyspa, nosząca polską nazwę Wolin, jak i leżące na wyspie Uznam miasto Świnoujście należą od roku 1946 do Polski. To tyle, co do pochodzenia historycznych i geograficznych nazw miejscowości.
Wróćmy jednakże do historii trzech kąpielisk cesarskich Ahlbeck, Heringsdorf i Bansin:

AHLBECK

zawdzięcza swoją nazwę i powstanie niewielkiemu potokowi, określanemu w języku dolnoniemieckim jako „Ahl-Beck" lub „Ahl-Beek" (dolnoniem. Ahl = niem. Aal, = pol. węgorz; dolnoniem. Beck = niem. Bach = pol. zbiornik). Nazwa ta związana była zwyczajnie z dużą ilością węgorzy, znajdujących się w potoku, którego wody, płynące z jeziora Gothensee do Bałtyku, nie są już tak przezroczyste jak wówczas. W miejscu, gdzie wody te wpadały do morza, w roku 1700 zbudowano młyn wodny. Zezwolenie na to udzielone zostało przez właściciela majątku szlacheckiego Melenthin – Barona von der Lühne. Stąd też ta mała, powstała wokół młyna osada otrzymała nazwę: „Ahlbeck – szlachecki". Na drugiej zachodniej stronie miejscowości Ahlbeck kazał król pruski osiedlać się byłym żołnierzom i ich rodzinom jako tzw. kolonistom z zadaniem zagospodarowania położonego w głębi lądu torfowiska wyżynnego Thurbruch. Ta część nowo powstałej miejscowości nazwana została: „Ahlbeck – królewski".

Obie części tej miejscowości posiadały swoje własne władze powiatowe i zachowały je również po zamknięciu młyna wodnego w roku 1772, kiedy to Ahlbeck stał się wioską rybacką. W dużym stopniu przyczynił się do tego nowy właściciel majątku szlacheckiego Gothen, do którego należały odtąd włości nadbrzeżne i który to kazał podzielić je na parcele i sprzedać bałtyckim rybakom. Miało to miejsce w roku 1817. Niezależnie od podziału miejscowości na dwie części w roku 1823 założono wspólną szkołę dla dzieci. Jednakże początek przeobrażania się w kąpielisko morskie miał miejsce dopiero 30 lat później. Do Ahlbeck wysyłał przykładowo swoje dzieci i ich opiekunkę dzierżawca majątku Stolpe-Holz, aby mogli tam oni pooddychać morskim powietrzem, a nawet wykąpać się w morzu. W taki oto sposób wzrastający latem napływ obcych, głównie ze Szczecina i Berlina, zmienił tę podwójna wioskę rybacką całkowicie: na plaży utworzono kąpieliska, powstały pierwsze hotele, pensjonaty i restauracje, a w roku 1882 istniejące już kąpielisko morskie nareszcie połączyło się, tworząc jedną całość. Wspaniałe hotele, takie jak „Ahlbecker Hof", kompleks sanatoryjny z pawilonem koncertowym powstały już w latach 90-tych minionego stulecia w okolicy D(nenstrasse, jak nazywa się jeszcze dzisiaj promenadę w Ahlbeck, a w roku 1898 zbudowano tam most morski, który do dnia dzisiejszego jest klejnotem miejscowości Ahlbeck, a dzięki swemu klasycznemu stylowi ozdobą całego niemieckiego Wybrzeża Bałtyckiego. Nawiązując z powrotem do rodziny cesarskiej, to monarcha, odwiedzający co roku port wojenny Świnoujście, zafundował na terenie leśnym pomiędzy miastem a kąpieliskiem wspaniałe, składające się z drewnianych domków obozowisko dla dzieci, które to uroczyście oddane do użytku zostało w roku 1913 przez cesarza i cesarzową, otrzymało jego imię i do dnia dzisiejszego służy dzieciom i młodzieży wypoczywającej w miejscowoąci Ahlbeck, do której już wtedy należało. W ten sposób rozwinął się Ahlbeck do jednego z największych i najbardziej odwiedzanych niemieckich kąpielisk bałtyckich i był, wbrew istniejącej społecznej strukturze gości, kąpieliskiem dla całego narodu. W sezonie już pod koniec lat 20-tych nocleg zapewniony miało tam ponad 30.000 gości. Rozwój ten przerwała dopiero druga wojna światowa. Kąpielisko to, podobnie jak i inne sąsiednie miejscowości, stało się miejscem przechwytywania dzieci ze zbombardowanych miast, kwaterą dla Wernhera von Brauns – naukowca i technika bombardowanego w owym czasie ośrodka naukowo-badawczego broni rakietowej w Peenemünde, a pod koniec wojny miejscem schronienia dla fali uciekinierów z niemieckich obszarów wschodnich. W roku 1945 miejscowość ta przekazana została przez niewielką grupę dzielnych mieszkańców pod przywództwem bojownika ruchu oporu – Kurta Bütowa bez walki w ręce Armii Czerwonej. Pozwoliło to uniknąć zburzenia i ocalić niejedno życie ludzkie. Po roku 1945 i w czasach NRD-owskich, podobnie jak i w innych miejscowościach kąpieliskowych, ruchem turystycznym kierował właściwie wyłącznie Fundusz Wczasów Związków Zawodowych. Wyróżniające się klasycznym stylem hotele w miejscowości Ahlbeck oraz w innych sąsiednich powiatach otrzymały nazwy pochodzące od działaczy związków zawodowych, przywódców partyjnych lub bojowników ruchu oporu. W roku 1953, w ramach osławionej akcji wywłaszczającej „Róż", tak samo jak i w innych kąpieliskach nadbałtyckich, aresztowani zostali hotelarze, gastronomowie i właściciele pensjonatów, którym zarzucano dopuszczenie się gospodarczych czynów karalnych. Ich domy zostały skonfiskowane lub wywłaszczone, a następnie przekazane do wyłącznego użytku związkowemu Funduszowi Wczasów.

Podobnie jak i w innych miejscowościach na długi czas został wykluczony prywatny wynajem. Czterdzieści lat NRD oznaczało dla wszystkich trzech miejscowości kąpieliskowych rozwój w jednakowym kierunku i dominację Funduszu Wczasów. Wariacje nie były przy tym wyłączone : I tak np. Heringsdorf wybrany został jako miejscowość wypoczynkowa dla zagranicznych gości Funduszu Wczasów. Naturalnie oprócz Funduszu Wczasów we wszytkich trzech miejscowościach kąpieliskowych miały swoje bazy urlopowe – partia, rząd i służba bezpieczeństwa, jednakże o strukturze gości decydował w znacznym stopniu Fundusz Wczasów Związków Zawodowych. Rozwój ten zakończył się we wszystkich tych kąpieliskach w roku 1990 ostatnim „związkowym" sezonem letnim. Później, już po zjednoczeniu Niemiec, nastąpił okres zwracania hoteli, pensjonatów i restauracji powracającym z Zachodu byłym właścicielom lub ich spadkobiercom. Nie każdy z nich zatrzymał jednak dla siebie lub użytkował odzyskaną własność – wielu z nich sprzedawało ją zainteresowanym kupcom. W posiadanie domów wczasowych, należących swego czasu do Funduszu Wczasów, weszli również zagraniczni kupcy i inwestorzy, jak przykładowo przedsiębiorstwa holenderskie, które nabyły kompleks wczasowy „Solidarność" w Heringsdorfie (dzisiaj: „Hotel Sanatoryjny" i „Klinika Sanatoryjna"). Rozwój tych trzech miejscowości kąpieliskowych był właściwie jednakowy. Również w czasach współczesnych, biorąc pod uwagę styl architektoniczny ich budowli, nie różnią się one od siebie. W rzeczywistości różni je tylko daleka przeszłość.

HERINGSDORF

był podobnie jak Ahlbeck małą kolonią rybacką, należącą jednakże wyłącznie do właściciela szlacheckiego, nadleśniczego – Bernharda von Bülow. Na początku 19-tego wieku wybudował on na wzgórzu Kulm w miejscowości Heringsdorf rezydencję letnią, nazywaną później „Bialym Zamkiem". Rezydencja ta istnieje do dzisiaj pod tą samą nazwą i jest udostępniona dla odwiedzających. Bülow był bliskim przyjacielem pruskiego domu królewskiego, a latem zapraszał monarchę i jego rodzinę do siebie, do swojej posiadłości nad Baśtykiem. Podczas któregoś z pobytów w roku 1820 pokazałvon Bülow rodzinie króewskiej swoją małą i do tej pory pozbawioną nazwy kolonię rybacką u podnóża wzgórza Kulm, nad brzegiem Bałtyku i poprosił starszego syna króla o nadanie nazwy dla tej osady. Ponieważ właśnie podczas wizyty królewskiej na plaży wyładowywano, solono i pakowano śledzie, dlatego też następca tronu nazwał ten malutką kolonię rybacką „Heringsdorf" (niem. Hering = pol. węgorz, niem. Dorf = pol. wieś). Pan von Bülow wyraził zgodę, a sam wybudował na wzgórzu Kulm następne budynki i w dalszym ciągu zapraszał pruskich władców na coroczny wypoczynek do „Biaóego Zamku". Rodzina królewska wykorzystywała tę możliwość aż do śmierci Bülowa. Nowa właścicielka domu na wzgórzu Kulm, bardzo dumna i bogata Hrabina von Stollberg oświadczyła, że zamierza mieć w lecie „Biały Zamek" na własny użytek, w związku z czym rodzina królewska poszukała sobie inne miejscowości kąpieliskowe. Dopiero niemiecki cesarz Wilhelm II powrócił do tradycji rodzinnej i zawitał w Heringsdorfie. Od „Białego Zamku" trzymał się jednak z daleka.
Podczas swojej corocznej tzw. „Podróży do krajów północnych" do Świnoujścia cesarz odwiedzał Heringsdorf, który w owym czasie rozwinął się do wielkiego kąpieliska morskiego i zatrzymywał się tam w willi owdowiałej konsulowej Staudt, na dzisiejszej ulicy Delbrückstrasse 6. Powiadano, że kobieta ta była bardzo podobna do jego małżonki. Jak by nie było, był on regularnym i wiernym gościem Heringsdorf. Hojności

jego przodków zawdzięcza swoje istnienie tamtejszy neogotycki kościół. Oni to sfinansowali jego budowę i zlecili ją berlińskiemu architektowi dworskiemu – Persiusowi. Również sam Wilhelm II nie pozostawał w tyle i sam uczestniczył w poczynaniach dokonywanych w Heringsdorfie, przede wszystkim w dziedzinie nadawania nazw. W roku 1879 miejscowość ta otrzymała na jego rozporządzenie oficjalną nazwę K ą p i e l i s k o Heringsdorf, a dwa lata później swoją nazwę „Most Cesarza Wilhelma" otrzymał nowo wybudowany most morski. Obydwie nazwy nadane zostały na wniosek „Spółki Akcyjnej Kąpieliska Morskiego – Heringsdorf", kierowanej przez bogatych berlińskich przedsiębiorców Delbrück, zarządzającej miejscowością jako kąpieliskiem od połowy stulecia, której to członkowie zajmowali się już w latach wcześniejszych wychowywaniem księciów z rodziny Hohenzollernów. Okres ten, zwany „Erą Delbrück" był jednym z najbardziej znaczących okresów dla miejscowości Heringsdorf i jej rozwoju. Zakończył się on dopiero w roku 1910 śmiercią ostatniego dyrektora dr Wernera Delbrück. W okresie tym powstały wszystkie większe budowle centrum, jak np. Lindemanns Grand Hotel (dzisiejszy Palais Royal), willa Esplanade oraz willa Delbrück. Swoje letnie rezydencje wybudowali tam przy długiej promenadzie, w dużych i zadbanych parkach Heringsdorfu znani bankierzy i finansiści. O okresie tym przypominają zachowane do dnia dzisiejszego willa Oechsler, znajdująca się na przeciwko cesarskiej willi Staudt, willa Bleichröder i wiele innych. Ponieważ niemiecki światek finansowy składał się przede wszystkim z bankierów żydowskiego pochodzenia lub wyznawców wiary żydowskiej, Heringsdorf nazywany był przez niemieckich nacjonalistów „kąpieliskiem Żydów". Po roku 1933 zostali Żydzi wypędzeni z Heringsdorfu, a ich ziemie i domy przeszły w ręce aryjskie. Mimo tego w miejscowości prym wiodło w dalszym ciągu bogate społeczeństwo. Normalny sezon kąpieliskowy zakończyła dopiero druga wojna światowa. Przez długie lata w miejscowości znajdowało się rosyjskie sanatorium wojskowe. W tym też czasie przez zaniedbanie spaliło się stare i słynne kasyno plażowe, a na jego miejsce przy promenadzie został wybudowany – zgodnie z rosyjskimi planami i projektami – jeszcze do dnia dzisiejszego istniejący tam Dom Kultury. Następnie w roku 1990 przyłączony został on do nowo wybudowanego kompleksu „Forum Usedom", składającego się z hotelu MARITIM, z sali sanatoryjnej i nowego ratusza. Do powstałych tuż po zjednoczeniu budowli należą: od strony morza nowy pawilon muzyczny, a od strony lądowej, od placu sanatoryjnego przebudowana i rozbudowana klinika i hotel sanatoryjny. Także nowy, jakby nie było najdłuższy, zaopatrzony w sklepy i punkty gastronomiczne, most morski Kontinental-Europa zawdzięcza swoje powstanie okresowi pozjednoczeniowemu. Podobnie jak w Heringsdorfie, tak i w dwóch sąsiednich miejscowościach kąpieliskowych trwał z niesłabnącą siłą okres wielkich przekształceń i przebudowy, a więc i w najmłodszym z tych trzech cesarskich kąpielisk, w położonej na zachód od Heringsdorf miejscowości Bansin.

BANSIN

– zawdzięcza swoje powstanie małej wspólnocie pod kierownictwem żyjącego we wsi Sallenthin pisarza Ernesta Neckera. Wspólnota ta, składająca się mieszkańców wioski, nabywała od Spółki Akcyjnej rodziny Delbrück w Heringsdorfie obszary wydmowe i plażowe oraz inne, leżące w głębi lądu, położone wokół jeziora Schloonsee łąki i lasy, a następnie w latach 90-tych minionego stulecia rozpoczęła ona budowę hoteli i pensjonatów. W przeciwieństwie do obu sąsiednich miejscowości: Ahlbeck i Heringsdorf kąpielisko Bansin nie rozwinęło się z istniejącej już wiejskiej osady, lecz było zabudowywane planowo, z jednoznacznym celem, by służyć jako kąśpielisko. Jeszcze dzisiaj miło popatrzeć na regularne ulice tej miejscowości, zgodną koncepcję architektoniczną hoteli i pensjonatów przy promenadzie, czy na ulicy Bergstrasse. Dzięki niezwykle szybkiej rozbudowie miejscowości sš jej architektoniczne elementy stylu względnie jednakowe i odzwierciedlają tak zwany klasyczny styl architektury kąpielisk. W rok później – w roku 1897, po tym, jak spółka założycieli, powiększona o berlińskich partnerów i inwestorów, rozpoczęła budowę hoteli i pensjonatów, można było witać pierwszych gości tego nowo powstałego kąpieliska morskiego. Dlatego rok ten uważany jest za rok powstania tego nowego kąpieliska. Jego rozkwit zapierał dech: dwa lata przed wybuchem pierwszej wojny światowej miejscowość była już „gotowa" i swoim urokiem przyciągała przede wszystkim wysoko postawioną publikę, mając na uwadze strukturę społeczną.

Do gości należały rodziny cesarskie, szlachta, arystokracja, finansiści i wojskowi. Żadnych zmian nie wprowadziła też Republika Wismarska i Trzecia Rzesza Adolfa Hitlera. Zmiany nastąpiły dopiero podczas drugiej wojny światowej: w Bansin kwaterowano całe szkoły, dzieci i młodzież, a po zbombardowaniu Peenemünde naukowców i badaczy broni rakietowej. Po wojnie prym w życiu wakacyjno-sanatoryjnym w Bansin wiódł również Fundusz Wczasów Związków Zawodowych. A po roku 1990 rozpoczęto tam wielką budowę, której sprzyjał proces zwracania praw własności wywłaszczonym podczas akcji „Róża" i teraz powracającym byłym właścicielom hoteli i ich spadkobiercom. W miejsce walących się, czy zburzonych kompleksów hotelowych powstały i powstają nowe instytucje sanatoryjne i wypoczynkowe, hotele, pensjonaty, a przede wszystkim domy wczasowe przy promenadzie, w centrum miejscowości oraz na do tej pory niewykorzystanych i spokojnych terenach poza obrębem miejscowości. Kąpielisko morskie zmienia faktycznie swój wygląd. Jak by nie było, to najmłodsze z trzech „kšpielisk cesarskich" proponuje dzisiejszemu gościowi wszystkie wygody, które sprzyjają wypoczynkowi i bogatemu w przeżycia urlopowi letniemu. Bansin, podobnie jak miejscowości sąsiednie Heringsdorf i Ahlbeck, jest perłą sieci kąpielisk na wyspie Uznam.

Ausflüge in die nähere Umgebung

Ausflüge in die nähere Umgebung der drei „Kaiserbäder" bieten sich in den verschiedensten Richtungen an.

*

Östlich von Ahlbeck endet, noch auf dem Territorium der Insel Usedom, die Bundesrepublik Deutschland und Polen beginnt.

Der erste polnische Ort auf Usedom (Uznam) ist die von Friedrich dem Großen ab 1740 begründete preußische Seehafen-Stadt Swinemünde, die infolge des Potsdamer Abkommens nach dem Zweiten Weltkrieg als notwendiger Vorhafen für Stettin (Szczecin) dem polnischen Staat zugesprochen wurde und seither in sprachlich polonisierter Form Swinoujscie heißt. Am 12. März 1945 wurde die Stadt durch einen angloamerikanischen Luftangriff fast völlig zerstört, so daß von der historischen Bausubstanz nur wenig erhalten blieb. Fast unbeschädigt jedoch kam das bereits im vorigen Jahrhundert erbaute und vielbesuchte Seebad Swinemünde davon, das durch den weitläufigen und landschaftlich schönen Kurpark vom städtischen Areal getrennt, über eine breite Kurpromenade mit gastronomischen Einrichtungen und zahlreichen Villen, Hotels und Erholungsheimen im Stil der klassischen Bäderarchitektur verfügt. Die Stadt und das Seebad („Kaiserbad") waren vor 1918 alljährlicher Besuchsort des Kaisers zu dessen sogenannten Nordlandfahrten. Die Inspektion der Flottenbasis Swinemünde gehörte zum militärischen Programm der Hohenzollern. Von hier aus wurden auch Ahlbeck, Heringsdorf und später Bansin besucht. Nach 1945 wurde die Stadt zuerst zögerlich, später jedoch mit größerem Engagement und Tempo wiederaufgebaut. Den anfänglichen Standard-Bauten der ersten Phase stehen architektonisch reizvolle Bau-Ensembles der heutigen Zeit gegenüber. Vom alten Swinemünde blieben an besonders empfehlenswerten städtischen Gebäuden erhalten: die Christus-Kirche, das sogenannte Alte Rathaus, in dem schon vor dem Krieg das Heimatmuseum untergebracht war, das große Postamt, der Leuchtturm in Osternothafen, ein Teil der alten Festungsanlagen am Hafen und einige alte und renovierte Geschäfts- und Wohnhäuser im Bereich des Marktes. Zu empfehlen ist ein Besuch im

Heimatmuseum, das von Dr. J. Pluczinski mit Sorgfalt und viel Engagement und Sinn für die über zweihundertjährige Geschichte der Stadt geleitet wird. Vom Hafen aus verkehren Fährschiffe auf die Nachbarinsel Wollin (Wolin), wo das große Ostseebad Misdroy (Miedzyzdroje), die dortige Steilküste des Kaffeberges mit wunderbarem Blick auf die Usedomer „Kaiserbäder" und die Stadt Wollin (Wolin) selbst mit ihren Ausgrabungsstätten des mittelalterlichen Julin (Vineta) sowie dem Skulpturenpark am Ufer der Dievenow (Dziwna) besucht werden können. Von Swinemünde aus führen Schiffsrouten und Buslinien, von der Insel Wollin aus auch Eisenbahnverbindungen in die alte pommersche Hauptstadt Stettin (Szczecin).

Der Grenzübergang zwischen Ahlbeck und Swinemünde ist für Kraftfahrzeuge nicht zugelassen. Auf deutscher Seite können sie auf einem großen Parkplatz gegen Gebühr abgestellt werden. Da der aber an den Wochenenden und in den Sommermonaten meist ausgebucht oder überfüllt ist, sollten Besucher vornehmlich den ständigen Bus- und Bahnverkehr nutzen, der zwischen dem Dreigestirn Ahlbeck/Heringsdorf/Bansin und der Grenzübergangsstelle eingerichtet worden ist. Auf polnischer Seite bieten sich eine Vielzahl von Taxen, Kutschen und Linienbussen zur Fahrt in die Stadt an.

Noch vor der Grenze beginnt am östlichen Ortsausgang von Ahlbeck, von der zur Grenze führenden B 111 rechterhand abzweigend eine Landstraße, auf der man mit Kraftfahrzeug, Bus oder Fahrrad Ausflüge in landschaftlich reizvolle und auch historisch interessante Gegenden und Orte der Insel Usedom unternehmen kann. Steil und kurvenreich windet sie sich zuerst den dichtbewaldeten Zierowberg hinauf, um in gleicher Weise von dessen Höhe wieder in südlicher Richtung abzufallen. Der erste Ort, auf den der Besucher auf dieser Seite des Berges trifft, ist das Dorf Korswandt. Gleich an der Ortseinfahrt liegt linkerhand das Gasthaus „Idyll am Wolgastsee" an eben diesem See. Von dichtem Wald eingefaßt, gilt der Wolgastsee seit eh und je als ein Ausflugsziel erster Kategorie. Vom großen Kaffeegarten des genannten Restaurants aus kann man den See mit kleinen Booten und Wasserfahrzeugen befahren. In südlicher Richtung weiterfahrend passiert der Besucher an der rechten Seite die Ortseinfahrt des langgestreckten einzeiligen Straßendorfes Ulrichshorst. Das Dorf liegt am Rande des auch von der Straße aus einsehbaren größten Hochmoorgebietes der Insel Usedom, das seit altersher Thurbruch genannt wird und dessen erste

Allee nach Krummin

Avenue leading to Krummin

Aleja prowadząca do Krummin

S. 183:

Schloß Mellenthin · Innenraum der Kirche in Benz
Alte Mühle in Pudagla · Lindenallee nach Krummin

Mellenthin Castle · Interior of the church in Benz
The old mill in Pudagla · Avenue of lime-treesleading to Krummin

Zamek w Mellenthin · Wnętrze kościoła w Benz
Stary młyn w Pudagla · Aleja lipowa prowadząca do Krummin

Dorfkirche in Mönchow

Village church in Mönchow

Kościół wiejski w Mönchow

Meliorierungsversuche bereits Friedrich der Große unternommen hat. Wirklich gelungen sind sie allerdings erst der großräumigen und teuren Landwirtschaftspolitik der DDR: Das Thurbruch wurde durch ein Graben- und Pumpensystem melioriert und zum größten Weidegebiet der Insel. Rinderzucht und Milchviehhaltung bestimmten den Charakter des ehemaligen Moores und der umliegenden Dörfer. Quer durch das Thurbruch wurde von Ulrichshorst aus eine Plattenstraße in das kleine Dorf Reetzow auf der westlichen Seite des Bruchs gebaut, die heute noch be- und genutzt werden kann, sowohl für die bäuerlichen Betriebe als auch für Besucher, die das reizvolle Wiesengebiet mit seinen kleinen Wäldern und Hainen, dem Vogelschutzgebiet und den champignonreichen Weideflächen durchwandern oder durchfahren wollen. Läßt der Besucher jedoch das Thurbruch und seinen „Eingang" Ulrichshorst rechterhand liegen und begibt sich auf der genannten Verbindungsstraße weiter nach Süden, kommt er wenig später im alten Kirchdorf Zirchow an und stößt hier auf die südliche Hauptverkehrsader der Insel Usedom, die B 110. Auf ihr, die erst im Herzen des polnischen Swinemünde wieder auf die nördliche Küstenstraße B 111 trifft, kann er sich in östlicher Richtung auf die hier allerdings geschlossene Grenze zu bewegen. Nach wenigen Kilometern trifft er auf der rechten Seite auf eine Abzweigung, die in eines der Uralt-Dörfer der Insel, Garz, führt, wo ihn eine sehenswerte mittelalterliche Dorfkirche und der Insel-Flughafen erwarten, der merkwürdigerweise die Bezeichnung „Flughafen Heringsdorf" führt und in Vorkriegs-, Kriegs- und ersten Nachkriegsjahren als Militärflugplatz diente. Bereits zu DDR-Zeiten jedoch wurde er in einen Zivilflugplatz für den Urlauberverkehr umfunktioniert. Heute fliegen ihn große Passagiermaschinen aus Berlin und Süddeutschland sowie zahlreiche Privat-Flugzeuge an. Flugtage, Motorradrennen u. a. aufwendige Veranstaltungen solcher Art ergänzen den regen Flugbetrieb des vielgenutzten Platzes. Von Garz aus in östlicher Richtung weiterfahrend, erreicht der interessierte Besucher das alte am Haff und nahe der Grenze gelegene Fischerdorf Kamminke mit seinem Steilküsten-Hochufer, seinem Zeltplatz und seiner reizvollen alten Dorfarchitektur. Es ist, wie Ulrichshorst, ein einzeiliges Straßendorf, das sich nur am Haffufer ein wenig nach links und rechts erweitert; also muß der Besucher auf der gleichen Straße, die er gekommen ist, auch wieder zurück. Hier erreicht er am nördlichen Dorfausgang den sagenumwobenen

Berg Golm. Der Golm ist eines der meistbesuchten Ausflugsziele der Insel Usedom. Märchen und Sagen zufolge soll er aus dem flachen Wiesenland hervorgewachsen sein, um ein versunkenes Schloß zu bedecken, dessen menschenfeindlicher und geiziger Fürst auf solche Weise für das Unrecht bestraft wurde, das er selbst seiner Tochter antat, als er ihren Geliebten, einen jungen Fischer, töten und ins Meer werfen ließ. Seither geistert die Prinzessin am Johannistag in Gestalt einer häßlichen alten Borkenfrau über den waldbedeckten Berg, – wer sie küßt und heiratet, soll all ihre Schätze erben, der Golm wird verschwinden und das Schloß wiederauferstehen – der böse Fürst natürlich nicht. Aber nicht solcher sagenhaften Erwartungen wegen wird der Golm jährlich von Tausenden Menschen aus ganz Deutschland besucht: Der Berg ist die größte Kriegsgräbergedenkstätte der Republik. Nachdem am 12. März 1945 die von Flüchtlingen und rückflutenden deutschen Truppen völlig überfüllte Stadt Swinemünde von angloamerikanischen Bomberverbänden zerstört wurde, diente der Golm als Begräbnisstätte für die Zehntausende Opfer. Schon zu DDR-Zeiten schuf der Rostocker Bildhauer Wolfgang Eckardt auf der Höhe des Golm eine offene Rotunde zum Gedenken an die Toten. Nach der Wende wurde dieses Denkmal durch mehrere zusätzliche andere, durch Namenstafeln und neue gekennzeichnete Gräberanlagen ergänzt und erweitert. Ein spezieller Verein widmet sich seit kurzem der Pflege der Golm-Anlagen und dem Gedenken an die dort begrabenen Toten.

Wenn man von Kamminke wieder nach Zirchow zurückkehrt und die B 110 nun in westlicher Richtung weiterfährt, stößt man nach 10 Kilometern Fahrt im Bereich der Mellenthiner Heide auf die Abzweigung nach Mellenthin, einem der ältesten Regierungssitze der Insel. Sehenswert und vielbesucht das einzige auf Usedom existierende Renaissance-Schloß, das 1577 bis 1580 von den Junkern von Neuenkirchen erbaut wurde. Bewundernswert der Kamin in der Halle des Schlosses und die reichhaltigen Ausstellungen zum bäuerlichen Leben der Vergangenheit. Nicht weit vom Schloß entfernt liegt die gotische, im 14./15. Jahrhundert erbaute Dorfkirche mit ihren mittelalterlichen Malereien und vor allem mit der an der Wand angebrachten Grabplatte des Junkers Rüdiger von Neuenkirchen und seiner Gemahlin. Diese Gemahlin galt in der Sagenwelt der Insel stets als die „Bernsteinhexe von Koserow", literarisch „geschöpft" von dem schriftstellerisch sehr aktiven Koserower und Krumminer Pfarrer Wilhelm Meinhold. Dessen Roman „Die Bernsteinhexe" wurde zum bedeutendsten pommerschen Roman des 19. Jahrhunderts und oft genug als reale Dokumentation interpretiert. Dieser Roman schildert den Prozeß gegen die Koserower Pfarrerstochter Maria Schweidler, die einen Bernstein von solcher Größe gefunden hatte, daß ihr ein Bündnis mit dem Teufel unterstellt und sie in einem Hexenprozeß im nahegelegenen Pudagla zum Tode verurteilt wurde. Auf dem Wege zum Scheiterhaufen rettete Rüdiger von Neuenkirchen die Schöne vom Todeskarren, entführte sie nach Mellenthin und heiratete sie – soweit die sagenhafte Geschichte zu der Grabplatte in der Mellenthiner Kirche. In Wirklichkeit handelt es sich bei der darauf dargestellten weiblichen Figur um die adlige Dame Ilsabe von Brahe, die Herr von Neuenkirchen tatsächlich geheiratet hat. Von Mellenthin aus gelangt man auf einer kurvenreichen neuen Straße in das kleine Dorf Morgenitz, das über eine der ältesten Kirchen der Insel verfügt, in der ebenfalls mittelalterliche Deckenmalereien den Besucher erwarten. Auf dem alten Friedhof um den Kirchenbau sind bronze-zeitliche Mahlsteine zu finden, die zu den archäologischen Kostbarkeiten der Insel gehören. Von Morgenitz aus kann man über das Dorf Suckow mit seiner bewundernswerten Sockel-Eiche auf die B 110 zurückkehren oder nach rechts in den Lieper Winkel mit seinen schönen alten Fischer- und Bauerndörfern abbiegen: Am Ende dieses „Seitensprungs" würde man das Dorf Warthe am Achterwasser erreichen, das über einen schönen Strand verfügt und Jahr für Jahr von vielen ruhebedürftigen Gästen besucht wird.

Man kann, wie gesagt, von Suckow aus auch sehr rasch wieder die B 110 erreichen und hat nun, an der sogenannten „Lieper Kreuzung" angelangt, wieder die Möglichkeit der Entscheidung: Entschließt man sich, nach rechts abzubiegen, erreicht man nach wenigen Kilometern die Stadt, die der Insel ihren Namen gegeben hat – Usedom. Sie ist heute die einzige deutsche Stadt auf der Insel, jedoch von der Einwohnerzahl her kleiner als die meisten Seebäder. Dafür verfügt sie über eine uralte Geschichte und das einzige mittelalterliche Stadttor (Anklamer Tor) auf der Insel, in dem heute das Heimatmuseum untergebracht ist. Vom historischen Marktplatz mit seinem Rathaus, der mächtigen Kirche und den vielen schönen Bürgerhäusern aus führt die Peenestraße zum sogenannten Usedomer See, einer Ausbuchtung

*Blick auf die Stadt Usedom mit Marienkirche
und Anklamer Tor*

*View of the town Usedom with its church, the "Marienkirche",
and town gate, the "Anklamer Tor"*

*Widok na miasto Uznam z Kościołem Mariackim
oraz z Bramą Anklamską*

Fischer in Kammincke

Fisherman in Kamminke

Rybak w Kammincke

des Achterwassers und beliebter Anlaufpunkt für Segler und Wassersportler. Im unteren Bereich der Peenestraße führt linkerhand ein schmaler Weg zum Schloßberg, einem alten kreisrunden wendischen Burgwall, auf dessen Höhe einst eine herzoglich-pommersche Kastellanei stand und im Jahre 1128 Bischof Otto von Bamberg in Begleitung des pommerschen Herzogs Wartislaw I. die westpommerschen Stammesfürsten auf das Christentum einschwor. An diese Taufe erinnert seit 70 Jahren ein Granitkreuz auf dem hochgemauerten Sockel, in dessen Mitte wiederum eine Bronzetafel mit den Worten GOTT WILL KEINEN ERZWUNGENEN, SONDERN FREIWILLIGEN DIENST an dieses Ereignis erinnert.

Der Schloßberg gilt damit als eine Art Geburtsstätte des von jenem Pfingstfest 1128 an erst gefestigten Herzogtums Pommern – er gehört zu den meistbesuchten historischen Plätzen der Insel. Von Usedom aus kann nach Passieren des Anklamer Tores auf der B 110 auch der letzte Ort der Insel vor der Bäder-Straßen-Brücke, das Dorf Zecherin, erreicht werden. Von hier aus führt eine Verbindungsstraße zum bedeutendsten technischen Denkmal der Insel Usedom, dem imponierenden Rest der Eisenbahn-Hubbrücke von Karnin. Sie war neben einer gleichartigen Einrichtung in Rotterdam in ihrem Eröffnungsjahr 1934 die modernste Hubbrücke Europas. Auf zwei Gleisen konnten die D-Züge die Brücke in beiden Richtungen passieren und die Seebäder der Insel Usedom mit der Hauptstadt Berlin verbinden: Die Fahrt dauerte gut zweieinhalb Stunden – eine Traumzeit, die bis heute nicht wieder erreicht wurde. Am 28. April 1945 sprengte ein deutsches Militärkommando die beiderseitigen Brückenbogen und ließ in der Mitte des Peenestromes nur das Hubwerk stehen. Seit Jahren bemühen sich Eisenbahnfreunde in ganz Deutschland um den Wiederaufbau dieser Schnellverbindung, um die Insel von dem ständig wachsenden Kraftfahrzeugverkehr zu entlasten. Ganz in der Nähe der Brücke befindet sich in dem Usedomer Stadtteil Mönchow, einem sehr alten kleinen Dorf, eine der schönsten Dorfkirchen der Insel Usedom. Sie ist zwar nicht die älteste Kirche der Insel – die liegt neben dem Friedhof in Liepe (Lieper Winkel) –, aber zweifellos eine der schönsten.

Von hier aus zurückgekehrt auf die B 110 durchfährt man wiederum Usedom und gelangt auf der Bundesstraße zurück bis zur Mellenthiner Kreuzung, wo man nach links auf die Verbindungsstraße zur B 111 abbiegt.

Vorbei am Ortseingang Mellenthin erreicht man nach 2 Kilometern das Dorf Neppermin. Linksseitig im Nepperminer See kann man die streng geschützten Inseln Böhmke und Werder erkennen, die als Nist- und Brutgebiet der Möwen und Seevögel gelten. Fährt man von Neppermin aus die genannte Verbindungsstraße weiter in nördlicher Richtung, gelangt man kurz vor Erreichen der B 111 in das alte Klosterdorf Pudagla, wo die Pommernherzöge ein schlichtes Schloß errichten ließen; ein steinernes Wappen an der Längsseite des Hauses erinnert daran. Das Schloß entstand anstelle des einst mächtigen Prämonstratenserklosters, das von Grobe bei Usedom hierher verlegt worden war und einen beträchtlichen Teil der Insel bis zur Reformation beherrschte. Dem Schloß gegenüber erhebt sich der Glaubensberg, von dessen Höhe aus die herrliche Seenlandschaft hinter Bansin überblickt werden kann. Der Name des Berges hängt nicht mit dem Kloster und seinem christlichen Glauben zusammen, sondern hat seinen Ursprung in dem slawischen Wort „glawny" = groß.

Entschließt man sich in Neppermin jedoch, nicht in Richtung der B 111 die Verbindungsstraße weiterzufahren, sondern nach rechts abzubiegen, gelangt man in das alte Kirchdorf Benz, jahrhundertelang der geistliche Mittelpunkt des Ostteils der Insel Usedom. Inmitten des Ortes liegt die aus dem 13. Jahrhundert stammende vornehmlich aus Feldsteinen erbaute Kirche mit ihrer hölzernen Decke und den darauf gemalten blauen Kassetten, von denen nicht eine der anderen gleicht. In den Jahren vor der Wende von 1989 war sie sommerlicher Treffpunkt vieler Künstler, Sänger, Liedermacher und Wissenschaftler von Ruf, die hier das „andere" kulturelle Leben der DDR pflegten. Nach 1989 wurde die Benzer Mühle zu einem zweiten wesentlichen Konzentrationspunkt in- und ausländischer Kultur. Auf dem Benzer Friedhof ist auch der bedeutendste Maler der Insel Usedom, Prof. Otto Niemeyer-Holstein, beigesetzt.

Von Benz aus erreicht man, linkerhand die schon erwähnte Victoriahöh' passierend, über (Alt-)Sallenthin wieder Bansin. Kurz vor dem alten Dorf Bansin befindet sich neben der (modernisierten) alten Gaststätte „Bergmühle" der sogenannte Sieben-Seen-Berg, von dem aus man tatsächlich (einschließlich der Ostsee) sieben Gewässer der umliegenden „Usedomer Schweiz" erkennen kann. Und natürlich die „Kaiserbäder". Damit soll der Kreis geschlossen sein.

Zum Autor

EGON RICHTER
(geb. 1932)

Nach Abitur und Studium der Germanistik als Reporter und Journalist tätig. Seit 1967 freischaffender Schriftsteller. Autor zahlreicher Jugendbücher, Erzählungen und Romane wie z. B. „Ferien am Feuer", „Zeugnis zu dritt". Sein bekanntester Roman wurde das im damaligen Verlag der Nation erschienene Buch „Die letzte Fahrt der Königin Luise". Nach 1990 sind eine Reihe Titel über Usedom von ihm im Konrad Reich Verlag Rostock erschienen. Im Demmler Verlag u. a. der Titel „Usedom – Sagen und Geschichten".

Ausgezeichnet u. a. mit der Johannes-R.-Becher-Medaille in Gold und dem Heinrich-Heine-Preis der DDR.

Früher war hier der Kaiser zu Gast

Ahlbeck · Heringsdorf · Bansin
Seeheilbäder auf Usedom

Heut' ist der Gast bei uns König!

- *Individualurlaub*
- *Kaiserbäder-Arrangements*
- *Gesundheitsurlaub*

Wohlfühlen

Weitersagen

Wiederkommen...

...dem Badespaß und der Gesundheit zuliebe!

Zweckverband SEEBÄDER INSEL USEDOM Ahlbeck · Heringsdorf · Bansin
Dünenstr. 45, 17419 Seebad Ahlbeck, Infos: Tel. 03 83 78 / 244-14, Fax 244-18
Zimmervermittlung und Arrangements: Tel. 03 83 78 / 244-16, Fax 244-18

Im Demmler Verlag bisher erschienen (Auswahl):

Bücher zur Kultur- und Landesgeschichte, zur Natur und Umwelt und Reiseliteratur über Mecklenburg-Vorpommern

Jürgen und Erika Borchardt
MECKLENBURGS HERZÖGE
Ahnengalerie Schloß Schwerin
122 S., 35 Farbf., Broschur, 14.80 DM
ISBN 3-910150-07-1

Jürgen Borchert
MECKLENBURGS GROSSHERZÖGE
120 S., 10 s/w Fotos, 17 Farbfotos
Broschur, 19.80 DM
ISBN 3-910150-14-4

Margot Krempien
G. A. DEMMLER (1804–1886)
Schweriner Schloßbaumeister
128 S, 62 s/w Fotos, 13 Farbfotos
Broschur, 14.80 DM
ISBN 3-910150-06-3

Klaus-Henning Schroeder
DAVIDS' ENKEL
Eine Jugend in Schwerin
Broschur, 22,– DM
ISBN 3-910150-08-X

Jürgen Borchert
SPAZIERGÄNGE in Mecklenburg
144 S., mit 12 farbigen Pastellen
und 30 s/w Zeichnungen von Horst
Schmedemann, Hardcover, 24.80 DM
ISBN 3-910150-20-9

Brigitte Birnbaum
ERNST BARLACH
Annäherungen
136 Seiten,
24 s/w Abbildungen
Hardcover, 24,80 DM
ISBN 3-910150-32-2

Brigitte Birnbaum
FONTANE in Mecklenburg
144 S., 47 s/w Fotos
Hardcover, 24.80 DM
ISBN 3-910150-22-5

Jürgen Borchert
ALEXANDRINE
Die „Königin" von Mecklenburg
176 S., 36 s/w Fotos, Hardcover, 29.80 DM
ISBN 3-910150- 29-2

**NATIONAL- &
NATURPARKFÜHRER
MECKLENBURG-VORPOMMERN**
88 S., 63 Farbfotos
Broschur, 12.80 DM
ISBN 3-910150-11-X

Karin Blase
HIDDENSEE von A–Z
128 Seiten, 45 Farbfotos
Broschur, 14.80 DM
ISBN 3-910150-16-0

Manfred Kutscher
FLORA & FAUNA
an der Ostseeküste von Me-Vo-Po
216 S., 373 Farbfotos
Klappenbroschur, 26.80 DM
ISBN 3-910150-18-7

Wolf Spillner
NATUR-ANSICHTEN
oder
Die Macht der Kamille
144 Seiten, 32 Farbfotos
Hardcover, 24,80 DM
ISBN 3-910150-32-2

Im Buchhandel oder direkt beim Verlag erhältlich.
Fordern Sie auch das Gesamtverzeichnis der lieferbaren Titel des Verlages an.
Demmler Verlag · Dr. M. Krempien · Bahnhofstraße 36 · 19057 Schwerin
Telefon/Fax (03 85) 4 84 49 79 · E-Mail: margot.krempien@schwerin.netsurf.de
http://www.demmlerverlag.de